論理哲学論考

ヴィトゲンシュタイン

丘沢静也訳

光文社

Title : LOGISCH-PHILOSOPHISCHE ABHANDLUNG
(TRACTATUS LOGICO-PHILOSOPHICUS)

1922
Author : Ludwig Wittgenstein

高校生のための『論考』出前講義

野家啓一

はじめに

みなさん、こんにちは。今日は大学の出前講義の一環として、ヴィトゲンシュタインの『論理哲学論考』という少々風変わりな哲学書(以下では『論考』と略します)についてお話しします。ヴィトゲンシュタインという哲学者の名前を聞いたことはありますか？ ああ、かなりの手が挙がっていますね、「倫理」の教科書に出てくるのでしょうか。それでは『論考』という本を読んだ、あるいは覗いてみた人はおられますか？ こちらの方は3人ほどでしょうか、わかったかどうかは別にしても感心ですね。

実は昨年(2013)の夏、ギリシャのアテネで「世界哲学会議」という学会が開かれ、私も講演者の一人として参加しました。世界各地からたくさんの哲学者が集まりましたが、彼／彼女らに「20世紀を代表する哲学書ベストスリーを挙げてください」というアンケートをとったとしましょう。おそらく10人のうち9人まではハイデガーの『存在と時間』(1927)とヴィトゲンシュタインの『論考』(1922)をまず選び、残り一冊をどれにするかで頭を悩ますに違いありません。『論考』はそれだけ重要で影響力のある書物ですが、本文だけなら文庫版で

150頁弱、半日もあれば読み通すことができる小著です。しかし、その内容を正確に理解しようとしたら、何年あっても足りません。実際、『論考』の解説書は刊行後90年を経た現在でも次々と出版されている状況です。

著作もさることながら、数々のエピソードに彩られたヴィトゲンシュタインの数奇な生涯は、それだけでも大変興味深く魅力的なもので、デレク・ジャーマン監督の手で映画にもなりました。その生涯を紹介していたら時間がいくらあっても足りませんが、かといってまったく触れずに済ますわけにもいきませんので、ごく簡単に『論考』にたどり着くまでの彼の歩みを振り返っておきましょう。

1.『論考』執筆まで

ルートヴィヒ・ヴィトゲンシュタインは、1889年に父カールと母レオポルディーネの第9子（うち次女は早逝）としてオーストリア＝ハンガリー帝国の首都ウィーンに生を享けました。奇しくも同じ年に、哲学者ハイデガーと独裁者ヒトラーも生まれています。父はアメリカを放浪したすえに、一代で財をなした鉄鋼業の大物で、ウィーンの邸宅は「ヴィトゲンシュタイン宮殿」とも呼ばれたほどの大富豪でした。ルートヴィヒの上には兄が4人、姉が3人いましたが、長兄ハンス、次兄クルト、三兄ルドルフは、それぞれ理由は異なりますが自殺を遂げています。そのため若き日のルートヴィヒは友人のピン

セント(『論考』は彼の思い出に捧げられています)に「これまでの生涯で一度たりとも自殺の可能性を考えなかった日はほとんどなかった」と告白しているほどです。四番目の兄パウルだけはピアニストとして華々しくデビューしますが、第一次世界大戦に従軍して不幸にも右手を失いました。それでも彼は左手のピアニストとして復活し、演奏活動を再開します。音楽好きの方なら聴いたことがあるでしょうが、ラヴェルの「左手のためのピアノ協奏曲」は、このパウルの依頼によって作曲されたものです。

さて末子のルートヴィヒですが、他の姉や兄が音楽や絵画など芸術に天分を発揮したのに対し、彼は幼い頃から機械の構造に異常なほど関心を示しました。今でいえば「理工系」の才能があったということでしょうか。そのため両親は彼をリンツの「国立実科学校」に進ませましたが、同じ時期にヒトラーもこの学校に通っていたようです。卒業後、ルートヴィヒはまずベルリンのシャルロッテンブルク工科大学で機械工学を、次にマンチェスター大学工学研究所で航空工学を学び始めます。この頃から彼の関心は次第に工学から純粋数学へと移行し、やがて友人からラッセルの『数学の原理』(1903)を紹介されたことをきっかけに、数学の基礎をめぐる問題に興味を集中させていきます。

1911年、ヴィトゲンシュタインは研究上の助言をえるためイエナ大学に数学者のフレーゲを訪ねました。フ

レーゲの助言は、ケンブリッジ大学へ行ってラッセルのもとで学べ、というものでした。ラッセルはホワイトヘッドとともに、大著『プリンキピア・マテマティカ（数学原理）』(1910-13)の第2巻を書き上げたばかりだったからです。同年の秋、ヴィトゲンシュタインはケンブリッジへ向かいましたが、これが20世紀哲学における最大の出会いを生むことになりました。ラッセルはこの出会いを「私の生涯における最もエキサイティングな知的冒険の一つ」と表現しています。こうしてヴィトゲンシュタインは、ラッセルのもとで水を得た魚のように論理学と数学の基礎をめぐる研究に没頭し、やがてその探究は師の論理思想をも乗り越えるまでになります。

1914年7月、第一次世界大戦が勃発すると、ヴィトゲンシュタインは迷わず故国オーストリア軍に志願兵として身を投じました。この唐突な行動の理由はわかっていませんが、彼は前線に立つことで「合法的な自殺」をはかったのではないか、と推測する研究者もいるほどです。従軍中にヴィトゲンシュタインは背嚢のなかに一冊のノートをしのばせており、時間を見つけては右側の頁には哲学的考察を、左側の頁には私的な日記を暗号で書きつけていました。この哲学的考察の部分はやがて『論考』の原型となるもので、現在では『草稿1914～1916』のタイトルで公刊されています。その意味では、『論考』は第一次世界大戦の砲煙のなかで産声を上げたといっても過言ではありません。

２．論理学の革命

　そろそろ『論考』の本文を読みたくてじりじりされているかもしれませんが、その前にこの本が書かれた学問的背景を説明しておかねばなりませんので、少々我慢してください。ヴィトゲンシュタインが本書の「はじめに」で「私の思想は、フレーゲのすばらしい著作と、私の友人バートランド・ラッセルの仕事から、大きな刺激を受けています」(4頁)と述べているように、『論考』が登場する舞台をしつらえたのは、フレーゲとラッセルによって押し進められた「論理学の革命」という出来事でした。

　一定の前提から結論を導き出す手続きを「推論」といいますが、論理学とは正しい推論の形式を組織的に調べる学問のことです。論理学は紀元前4世紀にアリストテレスによって体系化され、「オルガノン」すなわち「(学問の) 道具」と呼ばれました。といっても「オルガノン」という本があるわけではなく、これはアリストテレスの論理学関係の著作6篇を一括りにした呼び名です。なかでも『分析論前書』は「三段論法」という演繹的推論を体系化したことで知られています。このアリストテレスの体系は「伝統的論理学」と称されますが、カントはそれについて「論理学がこの確実な途をすでにもっとも古い時代から歩んできたことは、アリストテレスいらい一歩も後退する必要がなかったことからも見てとられ

よう。(中略)論理学についてさらに注目すべきは、この学はまた今日にいたるまで一歩も進歩することができず、したがってどうみても完結し完成しているように思われることである」(カント『純粋理性批判』第二版序文、熊野純彦訳)と述べています。つまり、論理学はアリストテレス以来、一歩も前進も後退もしなかった、というわけです。19世紀の終わりに、大胆にもその一歩を踏み出したのが、ドイツの数学者フレーゲでした。

　アリストテレスの論理学において基本単位となるのは概念を表示する「名辞 (term)」、すなわち「語」にほかなりません。そして主語概念と述語概念を表す名辞(それぞれSとPで表示します)を繋辞(コプラ、日本語の場合は「…は…である」)で結びつけた「SはPである」のような文を「判断」と呼びます。この判断を大前提 (MはPである)、小前提 (SはMである)、結論 (ゆえにSはPである) の形に組み合わせたものが「推論」に当たります。その代表が三段論法で、みなさんも「すべての人間は死ぬ (大前提)、ソクラテスは人間である (小前提)、ゆえにソクラテスは死ぬ (結論)」という推論をどこかで聞いたことがあると思います。

　こうして伝統的論理学は名辞を基本単位としながら、概念論、判断論、推理論という三部門から成り立っています。ただし、そこには重大な欠陥がありました。伝統的論理学は「ソクラテスは禿げである」のような「性質」は扱えますが、「aはbより大きい」や「aはbとc

間にある」のような「関係」が扱えないのです。これでは数学の証明で使われるような推論を体系化することはできません。

それに対してフレーゲは、1879年に『概念記法』という100頁足らずの小著を刊行し、そこで「名辞」ではなく「命題」を基盤とする新たな論理学を提起しました。つまり、論理学の基本単位を「語（word）」から「文（sentence）」へ転換したわけです。ただし、文といっても疑問文、感嘆文、命令文や仮定法の文などは含みません。論理学が扱うのは直説法の平叙文で、しかも真／偽（これを「真理値」といいます）が明確に決まるもの、すなわち「命題（proposition）」に限られます。したがって「富士山は日本一高い山である」は真なる命題ですが、「富士山は日本一美しい山である」は命題とは見なされません。「美しい」という価値判断は人によって異なるからです。このように命題のとりうる値として真／偽のみを認める論理を「2値論理」と言います。

さらにフレーゲは命題の構造を関数の形式で書き表すという独創的な方法を導入しました。それによって、性質はFaのような形に（「aはFである」と読みます）、また関係は $R(a,b)$ のような形に書き表すことができます（「aはbとRという関係にある」と読みます）。

こうしたフレーゲの画期的なアイディアは、やがて先に触れたラッセルとホワイトヘッドの共著『プリンキピア・マテマティカ』によって全面的に展開されることに

なりました。その体系は伝統的論理学と区別して現代論理学ないしは記号論理学と呼ばれています。現代論理学は大きく「命題論理」と「述語論理」という二つの部門に分かれます。前者は命題どうしの間の推論関係を、後者は命題の内部構造と量（「すべての（all）」や「いくつかの（some）」）に関わる推論関係を扱う、と考えればよいでしょう。

まず命題論理ですが、命題の最小単位は「要素命題」と呼ばれ、命題変項（p, q, r…）によって表示されます。これらの要素命題は論理的な接続詞（それを「論理結合子」あるいは「論理定項」といいます）によって結びつけられ、複合命題を形作ります。論理結合子のうち基本的なものは、「否定（not）」「連言（and）」「選言（or）」「条件法（if～ then）」の四つです。それぞれの記号表記と日本語の読み方は、「～p（pでない）」「p.q（pかつq）」「p∨q（pまたはq）」「p⊃q（pならばq）」となります。論理記号にはさまざまな表記法がありますが、ここではヴィトゲンシュタインの記法に従っておきます。

これらの論理結合子の著しい特徴は、それを用いて作られた複合命題の真理値（真／偽の値のことです）が要素命題の真理値によって一義的に決定される、ということです。たとえば「p.q（pかつq）」という複合命題の真理値は、それを構成している要素命題pとqがともに真であるときのみ真となり、それ以外の場合には偽となります。このように部分の真理値から全体の真理値を決

定する論理結合子の働きを「真理関数」と呼びます。要素命題の真理値を入力すると、複合命題の真理値が出力されるという関数の構造をもっているからです。

　ところで、複合命題のなかには二種類の特別な性質をもった命題が存在します。一方は、要素命題の真理値がどのようなものであれ、結果が常に真となる複合命題であり、これは「トートロジー（恒真命題）」と呼ばれます。トートロジーとはもともと「同語反復」を意味する言葉でした。他方はそれと反対に、要素命題の真理値がどのようなものであれ、結果が常に偽となる複合命題であり、これは「矛盾命題（恒偽命題）」と呼ばれます。トートロジーの例としては「p∨〜p（pまたはpでない）」を、矛盾命題の例としては「p.〜p（pかつpでない）」を挙げることができます。前者は「排中律」という論理的真理ですが、「（明日の天気は）晴れかまたは晴れでない」という天気予報が100％的中することを考えてみれば、「恒真」ということの意味がわかるかと思います。ちなみに排中律は伝統的論理学では「AはBまたは非Bのいずれかである」と表現されます。先の命題論理の表現では否定が命題についている（〜p）のに対し、こちらでは否定が名辞についている（非B）ことがおわかりになるでしょう。

　「真理関数の理論」を通じて「トートロジー」という概念を確立したことこそ、「論理学の革命」へのヴィトゲンシュタインの最大の貢献でした。この命題論理に相

当する「真理関数の理論」は『論考』を支える重要な柱のうちの一本にほかなりません。『論考』を読み進むためには、この「命題論理」の部分だけでも足りるのですが、ヴィトゲンシュタインの「言語批判」あるいは「論理分析」という思想を理解するためには、どうしても「述語論理」に関する予備知識が必要となりますので、簡単に説明しておきましょう。

　四つの論理結合子からなる命題論理の体系に、さらに二つの量記号を付け加えたものが述語論理の体系です。「すべての (all)」を表す普遍量記号（∀）と「いくつかの、ある (some)」を表す存在量記号（∃）がそれに当たります（存在量記号と呼ばれるのは、「いくつかの」が「少なくとも一つ存在する (exist)」を意味するからです）。そこに対象を表す定項（a, b, c…）と変項（x, y, z…）、それに性質や関係を表す述語記号（F, G, H…）を加えることによって、以下のように命題の内部構造を分節化して表示することができます。

（∀x）Fx：「すべてのxはFである」
（∃x）Gx：「あるxはGである（Gであるようなxが存在する）」

　ここで「丸い四角は存在しない」という命題を考えてみましょう。これは真なる命題ですね。しかし、伝統的論理学では、これを「主語名辞（丸い四角）」と「述語名辞（存在する）」の否定とが結合したものと解釈します。つまり「丸い四角は非存在である」となります。と

ころで、主語名辞は何らかの対象を指示しなければなりませんが、この場合は指示対象がありません。すると主語名辞が指示対象をもたないので、この命題は無意味ということになってしまいます。それに対して、現代論理学では「丸い四角」という主語名辞を「丸い (R)」と「四角い (S)」という述語の組合せとして分析します。すると「丸い四角は存在しない」という命題は記号を使えば〜(∃x)(Rx・Sx) と表現されます。これは「丸くかつ四角いxは存在しない」という真なる存在否定命題にほかならず、対象を指示する主語名辞は消去されています。

これは論理分析の一例で、伝統的論理学が踏襲した主語-述語構造という文法形式は、存在否定命題という論理文法の構造、つまり論理形式によって置き換えられています。このように見かけの文法構造に惑わされず、その背後に隠された正しい論理形式を明らかにすることが、論理分析ないしは言語分析、つまりは哲学の役目と考えられたのです。このような現代論理学という武器を手に「論理学的世界像」を構築し、それを通じて既成の伝統的な哲学の概念を根底から変革しようというのが、『論考』の所期の目的でした。

3．『論考』の構造

さて、いよいよ『論考』本体に入りますが、以上の「論理学の革命」の解説で、『論考』の三本柱の一つ「真

理関数の理論」については説明をし終えたことになります。というのも、すでに指摘したように真理関数の理論は「命題論理」の体系とほぼ重なり合うからです。他の二本の柱とは「像の理論」と「語る／示すの区別」にほかなりません。これらについてはおいおい説明するとして、まず本文を開いてみてください。それぞれの文章に十進法の番号が付けられ、私が数え上げたところでは526個の短い断章（フラグメント）がブロックのように積み重ねられて本文が構成されています。普通の本なら部・章・節などに分かれますが、そうした叙述の仕方とはまるで違います。最初に「少々風変わりな哲学書」と述べたゆえんです。この番号付けにはヴィトゲンシュタイン自身の注がついています。それによると、数字はそれぞれの命題の「論理的な重さをあらわしている」（6頁）そうです。またn.1はnに対するコメント、n.11およびn.12はn.1に対する1番目および2番目のコメントというように「入れ子型」の構造になっています。それからしますと、コメントのつかないnという整数の命題こそが『論考』の骨格を形作る最も論理的に重い命題ということになるでしょう。一桁の命題は7つあるのですが、参考までに黒板に書きだしておきましょう。

1　世界は、そうであることのすべてである。
2　そうであること、つまり事実とは、事態が現実にそうなっていることである。

3　事実の論理像が、考えである。
4　考えとは、有意味な命題のことである。
5　命題は、要素命題の真理関数である。(要素命題は、それ自身の真理関数である)
6　真理関数の一般的な形式は、こうだ。$[p, \bar{\xi}, N(\bar{\xi})]$ これは、命題の一般的な形式である。
7　語ることができないことについては、沈黙するしかない。

　もちろん、読み進むに当たって、番号の数字にことさら拘泥する必要はありませんが、読んでいくうちに躓いたりわからなくなったときには、それが注釈となっている元の命題に順次立ち返ることをお奨めします。ヴィトゲンシュタインは考え抜いた上で番号を振っていますので、必ず何らかのヒントが得られるはずです。

　さて、1の命題に対する注釈は「1.1　世界は、事実の総体である。事物の総体ではない」というものです。普通なら世界は事物の総体だと考えるところですが、論理的観点に立てば「1.2　世界を分解すると、複数の事実になる」のです。ここには「語」から「文」への転換という「論理学の革命」の成果が反映されています。つまり、事物を名指す「名辞（語、名前）」と事実を描写する「命題（文）」とが対比され、後者の方がより基本的だというわけです。そのことは後に「3.3　命題だけが意味をもつ。命題の脈絡のなかでしか名前は指示対象をもたな

い」という形でも表現されます。これはフレーゲによって定式化されたもので、通常「文脈原理」と呼ばれています。

次に2では事実が「事態が現実にそうなっていること」という形で捉え直されます。また「2.04 現実になっている事態たちの総体が、世界である」とも言われているように、ここで改めて「事態」が世界を構成する基本要素としての役割を与えられます。さらに「2.01 事態は、対象（事柄、事物）が結合したものである」や「2.011 事態の構成要素であることができるのは、事物にとって本質的なことである」とあることに注目しましょう。これまで背景に退いていた事物が、ここで再び事態との関わりの中で明確に位置づけられます。したがって「2.0272 対象の配置が、事態をかたちづくっている」わけですが、事物（対象）は単独で出現することはできません。先ほどの文脈原理を援用すれば、事物はあくまでも事態の脈絡の中でのみ出現しうることを忘れてはなりません。これは述語論理における定項や変項が、命題の内部構造に依存して析出されることに相当します。その意味で、『論考』においては「事態」と「事物」という形で、世界の基本的構成要素が二重化されていますが、これは現代論理学における命題論理と述語論理の構造的二重性に対応すると考えていいでしょう。

もう一つ「論理空間」という概念を説明しておかねばなりません。これは最初の方に「1.13 論理空間のなか

にある事実が、世界である」という形で登場しますが、明らかに論理空間は世界よりも広い概念です。論理空間のなかには事実でないもの、つまり成立していない事態も含まれます。成立・不成立を問わず、あらゆる可能的事態を包含したものが「論理空間」にほかなりません。そのうちで実際に成立している事態、すなわち事実から成り立っているのが、われわれの住むこの現実世界なのです。だとすれば、論理空間は考えうる限りのあらゆる可能的世界の集合体と考えることができます。ヴィトゲンシュタインは『論考』の「はじめに」で、「つまりこの本は、思考に境界線を引こうとしているのです。いや、むしろ——思考にではなく、思想の表現に、境界線を引こうとしているのです」（3頁）と述べていました。それからすれば、「論理空間」という概念は、思考の限界であるこの境界線を論理的に具体化したものと考えることができます。

4．像の理論

「真理関数の理論」と並ぶ『論考』の二番目の柱は「像の理論」です。「像（Bild, picture）」という鍵概念は次のように導入されます。「2.1　私たちは事実の像をつくる」あるいは「2.12　像は、現実の模型である」といった具合です。先に触れた『草稿』の1914年9月29日の項には「命題において世界は実験的に構成される（パリの法廷で自動車事故が人形その他で描出される場合の

ように)」という記述が見られます。この自動車事故の模型が「像」のアイディアの出発点であることは、続く10月2日の項に「命題は事態を論理的に写像する」とあることからも明らかです。

　注意すべきは「2.141　像も事実である」、そして「2.16　事実が像であるためには、事実は、写像されたものとなにかを共有する必要がある」と言われていることです。前者は、世界を構成する事実のなかで、ある事実は別の事実の像として機能するということでしょう。たとえば蕪村の俳句に「菜の花や月は東に日は西に」という句があります。これは春の野原で眼にした情景を言語によって描写したものです。蕪村の俳句は絵画的と言われますが、同じ情景を画家ならば絵画で表現するでしょうし、音楽家ならば楽譜で、写真家ならば印画紙で表現することでしょう。これらはすべて異なった事実（言語、絵画、楽譜、写真）でありながら、同一の事実（情景）を写し出す「像」の役割を果たしています。その際に、事実が像と共有せねばならないもの、それが「論理形式」と呼ばれます。「2.18　どんな形式であっても、どの像も、現実をとにかく——正しく、またはまちがって——写像することができるためには、なにを現実と共有している必要があるか。論理形式である。つまり、現実の形式である」と述べられている通りです。

　像が現実を写像するために現実と共有せねばならない両者に共通の構造は写像形式と呼ばれ、それが論理形式

であるとき、その像は「論理像」と名づけられます（2.181）。しかも「2.182 どんな像も、像であるかぎり、論理像でもある」のです。さきに掲げた7つの基本命題をもう一度ふり返りますと、3ではその論理像が「考え（思考）」にほかならないこと、それゆえ「3.001『ある事態を考えることができる』とは、私たちがその事態の像をつくることができる、ということである」と敷衍されます。さらに4では「4 考えとは、有意味な命題のことである」と考察の視点が言語の方へ向け換えられます。ちなみに「考え（Gedanke）」とはフレーゲの用語で、命題の意義（Sinn）、すなわち命題が表現する思考内容を指しています。この「考え」を絵画や音楽で明確に表現することは、不可能ではないまでも難しいことは想像がつくと思います。いわば「考え」の言語表現である命題は、特別な位置にある論理像なのです。

　命題は「名前」と呼ばれる単純記号が構造的に組み合わされたものです（3.202 以下参照）。名前は現実の構成要素である「対象（事物）」を名指します。それを通じて、名前の配列である命題は、対象（事物）の配列である事態を描写することができます。もちろん、命題と事態はその配列の構造である「論理形式」を共有していなければなりません。事態を描写する命題の最小単位は「要素命題」と呼ばれます。要素命題の真／偽（真理値）は事態の成立・不成立と寸分たがわず一致します。それゆえヴィトゲンシュタインは「4.26 真の要素命題

を全部並べることによって、世界は完全に記述される」と主張するわけです。ただし、その際に「2.061 事態と事態は、おたがいに従属しあってはいない」こと、したがって要素命題の真／偽はたがいに独立であり、一方から他方を推論できないことに注意せねばなりません。

　要素命題を全部並べるためには、複合命題を要素命題へ分解する手続きが必要となります。それが「真理関数の理論」にほかなりません。基本命題の5と6が述べているのは、それに関わる事柄です。ただ、真理関数の理論についてはすでに「論理学の革命」の節で概略を説明しましたので、ここで繰り返すことはいたしません。とりあえず「5.3 すべての命題は、要素命題に真理演算をおこなった結果である。真理演算は、要素命題から真理関数が生まれるやり方である」ということを押さえておけば十分でしょう。つまり、真理演算のプロセスを逆にたどることによって、われわれは要素命題に到達することができます。これが「論理分析」の手続きですが、「3.25 命題には分析がひとつある。完全な分析がひとつだけある」というのがヴィトゲンシュタインの変わらぬ信念でした。

　論理分析を進めることによって、一方の言語の側には「名前－要素命題－複合命題－論理空間」という系列が、他方の世界の側には「対象（事物）－要素的事態－複合的事態－可能的世界」という系列が見出されます。これらの両系列が論理形式を共有することによって写像関係

に立つ、というのが『論考』が描き出した論理学的世界像にほかなりません。

5．言語批判としての哲学

　『論考』が当時のヨーロッパの哲学界に衝撃を与えたのは、現代論理学に基づく厳密な論理学的世界像を構築したこともさることながら、それを基盤に偶像破壊的な哲学観を提起したことによります。ヴィトゲンシュタイン自身の言葉を借りれば、「4.003　哲学的なことについて書かれてきた命題や問いのほとんどは、まちがっているのではなく、ノンセンスである。（中略）哲学者たちの問いや命題のほとんどは、私たちが私たちの言語の論理を理解していないことにもとづいている」というわけです。つまり、プラトン以来の西欧哲学の歴史は、「言語の論理を理解していない」ことに由来する無意味な言説の積み重ねだということになります。その原因は、われわれの使っている言葉にあります。なぜなら「言語の論理を日常言語から直接に引き出すことは、人間にはできない（4.002）」からです。

　ヴィトゲンシュタインによれば、日常言語の不備と欠陥は、同一の言葉が異なった様式で（たとえば「あおい（葵、青い）」があるときは人名、あるときは形容詞として）用いられることにあります（3.323）。そこから哲学全体に見られる基本的な混同が生じるのであり、それを克服するためには論理的文法あるいは論理的シンタック

ス（構文法）に従った記号言語を構築する必要があります。ヴィトゲンシュタインにとって、フレーゲとラッセルによって開発された現代論理学の体系は、完璧ではないにせよ、そのような要求に応えるものでした。「3.327 記号は、論理的シンタックスにしたがって使われてはじめて、論理形式を確定する」と言われますように、先に見た「論理形式」もこの記号言語の文法に基づいて明らかになる概念だと言えます。

そこからヴィトゲンシュタインは単刀直入に「4.0031 すべての哲学は『言語批判』である」と宣言します。そのすぐ後に「ラッセルの功績は、命題の見かけの論理形式は命題の現実の論理形式である必要はない、ということをしめしたことである（同前）」と付け加えられているのを見ますと、「言語批判」の方法とは、ラッセルの「記述の理論」を範に仰いだ手続きのようです。記述の理論について詳しい説明は省きますが、日常言語の見かけの論理形式（主語‐述語の文法形式）に惑わされることなく、その背後にある現実の論理形式を浮き彫りにする手続きは、先に触れた「丸い四角は存在しない」の分析を複雑にしたものと考えておけばよいでしょう。

この言語批判の理念を基盤にしてヴィトゲンシュタインは「4.112 哲学の目的は、考えを論理的にクリアにすることである。哲学は学説ではなく、活動である」という新たな哲学観を提起します。つまり、哲学がなすべきことは、難解で深遠そうな哲学的命題をひねり出すこと

ではなく、むしろ哲学的命題に潜んでいる言語の論理への誤解を明るみに出し、言語批判を通じて問題そのものをクリアにすること、すなわち「活動」なのです。

6.「語る／示す」の区別と独我論

　ヴィトゲンシュタインの特徴的な哲学観を一瞥しましたので、いよいよ「真理関数の理論」と「像の理論」に続く『論考』の三本目の柱である「語る／示す」の区別について見ていくことにしましょう。彼は「4.11　正しい命題たちの総体が、自然科学全体（または自然科学たちの総体）である」という断章に対する注釈の一つとして「4.115　哲学は、言うことのできるものをクリアに描くことによって、言うことのできないものを指ししめすだろう」と述べています。番号のつながりから、「言う（語る）ことのできるもの」が自然科学全体を指すことは明らかです。それでは「言う（語る）ことのできないもの」とは何でしょうか。

　『論考』においては、それは二つのカテゴリーに分けられます。一つは、命題と事態とが共有する「論理形式」にほかなりません。もう一つは、『論考』の結論部で言及される「倫理、善と悪、美、主体、意志、神」といった神秘的あるいは形而上学的なもの、といってよいでしょう。それらを詳しく考察する前に、「語る（sagen）」と対になって用いられる「示す（zeigen）」との関係について簡単に見ておきましょう。

「4.1212　しめされうるものは、言われえない」と述べられているように、「語る（言う）」と「示す（しめす）」は『論考』を終始貫いている根本的区別にほかなりません。それだけに説明がしにくいのですが、一例としてみなさんがデジカメで撮影した風景写真を取り上げましょう。画面には遠くの山や谷、あるいは近くを流れる沢やうっそうと茂った木々が映っていることでしょう。ところが、風景写真の成立にとって不可欠でありながら画面には映っていないものがあります。おわかりでしょうか。当のカメラとカメラマンの存在です。しかし、映ってはいないものの、われわれは風景写真の画面から撮影者の位置やカメラの角度を読み取ることができます。比喩的に言えば、画面に明示的に映っている山や谷や木々は「語られて（言われて）いる」のに対し、カメラマンやカメラの存在はその画面に映ってはいないけれども「示されている」わけです。

『論考』に戻りますと、語りえないものの一方は「論理形式」でした。これについては「4.12　命題は、現実全体を描くことができる。けれども描くことのできないものがある。それは、現実を描くことができるために、命題が現実と共有する必要のあるもの——つまり、論理形式である」と述べられています。その理由は簡単で「論理形式を描くことができるためには、命題といっしょに私たちは、論理の外側に、つまり世界の外側に、立つことができなければならないだろう（同前）」とい

うわけです。したがって「命題は、現実の論理形式を*しめす*（4.121）」と言われます。

　ただし、抜け道がないわけではありません。それは「メタ言語」を用いることです。これは『論考』の影響を受けたウィーン学団というグループの哲学者たちが採用した戦略でもありました。メタ言語とは言語について語る言語のことで、たとえばみなさんがお使いの英和辞典は、英単語の意味を日本語で説明しているのですから、日本語がメタ言語の役割を果たしています。同様に、論理形式を説明するためにはワンランク上の解説言語を導入すればよいわけです。しかし、これも本質的解決にはなりません。メタ言語自体が論理形式を前提し、それに則って形作られているわけですから、そこには循環が含まれており、問題は「先送り」されたにすぎません。そのためヴィトゲンシュタインは、メタ言語の使用を拒否し、風景写真のなかにカメラマンやカメラの位置が示されているように、論理形式は命題のなかに端的に示されていると考えたわけです。

　この「語る／示す」の区別は、独我論（ソリプシズム）の問題圏と密接な関わりがあります。独我論とは、この世界に実在するのは私一人であり、ほかはすべて私の意識内容にすぎない、とする考え方のことです。それをめぐる議論は「5.6 *私の言語の限界*は、私の世界の限界を意味する」という断章をもって始まります。これに対する注釈は「5.61　論理は世界を満たしている。世界

の限界は、論理の限界でもある」と展開されますが、同じ「世界の限界」が話題でもここには「私の」という限定はついていません。また、それに続く文章はすべて「私たち」という一人称複数形が主語になっています。そして次の5.62は改めて「（前略）世界が*私*の世界であることは、*この*言語（私だけが理解する言語）の限界が*私*の世界の限界を意味する、ということにしめされている」と締めくくられています。

　この箇所の解釈はヴィトゲンシュタイン研究者の間でもさまざまに分かれています。私自身も確固たる解釈を提示できるわけではありません。ただ、私はこの「私だけが理解する言語」という表現をごく素直に読んでみたいと考えています。つまり、自分が駆使できるレパートリーとしての言語です。たいていの人にとっては母語でしょうし、バイリンガルの人にとっては複数の言語がそれに当たります。つまりは、それぞれの人に特有の「個人言語（idiolect）」ということです。われわれはそれぞれが文化や風土のなかで身に着けた個人言語によって世界を分節化し、理解しています。この個人言語によって分節化された世界は、いわばクオリアによって満たされた世界であり、他人には窺い知れない「私の世界」以外の何ものでもありません。

　ただし、これは意識内容の独我論（現象主義）ではなく、言語論的独我論とでも呼ぶべきものです。付け加えておけば、言語に「個人言語」がありうるのに対し、論

理には「個人論理」なるもの、すなわち「私の論理」は存在しません。いわば論理が骨格であるとすれば、言語は肉体や衣装に相当します。それは「6.12　論理学の命題はトートロジーである。これは、言語の、つまり世界の、形式的な——論理的な——特性を*しめしている*」という箇所からも明らかです。トートロジーは経験的内容をもたないがゆえに、世界の普遍的骨組みを形式的に示すことができます。それに対して、言語は経験的内容を語りうるがゆえに、個別的でしかありえません。とはいえ、その経験は生(な)まの感覚的経験ではなく、あくまでも言語と論理によって媒介された経験であることに注意すべきでしょう。『論考』でヴィトゲンシュタインが一方で「私の言語」と言いながら、他方で論理を考察する際には「私たち」という一人称複数形を用いたゆえんだと思われます。

　このように論理と言語の立脚点を区別し、「私の言語」を個人言語と見なすことによって初めて、「5.62　つまり、ソリプシズムが*思っている*ことは、まったく正しい。ただしそれは、*言う*ことができず、しめされるだけである」あるいは「5.64　ここでわかるのだが、ソリプシズムを徹底すると、純粋な実在論と一致する」という主張が理解可能となるのではないかと私は考えています。つまり、すべての経験的内容に「私の」というラベルを貼りつけてしまえば、それはラベルを貼らないのと同じになる、ということです。

さて、時間もなくなりましたので、『論考』の結論部、「語りえないもの」の第二のカテゴリーの方へ歩みを進めましょう。

7. 語りえないもの

『論考』を読み進んでいきますと、「6.4」あたりから文章の主題やトーンがはっきりと変化していることに気づかされます。それまでの厳密な論理学的考察とは違って、およそ論理的とは言えない「価値、倫理、善悪、死と不死、神」といった主題が論じられ始めるのです。『論考』の原型である『草稿』を見てみますと、こうした形而上学的主題がノートに書きつけられるのは、1916年6月に入ってからのことです。たとえば5月11日の項には「（∃x）等は一体現実に操作なのか」という論理学的な自問が見えます。ところが、それから一か月後の6月11日になりますと「神と生の目的とに関して私は何を知るか。私は知る、この世界があることを」といった考察でノートが埋め尽くされていきます。実はこの二つの記述のあいだに、ヴィトゲンシュタインは6月4日から始まったブルシーロフ攻勢と称されるロシア軍の猛攻に遭い、九死に一生を得て退却するという壮絶な体験をしました。おそらくはその体験が、ヴィトゲンシュタインを生や死といった形而上学的主題へ向かわせたものと思われます。

先に触れた主題の転換は「6.4 すべての命題は等価値

である」という断章によって始まります。これだけでは何のことかわかりませんが、それに対する注釈は「6.41 世界の意味は、世界の外側にあるにちがいない。世界では、すべてが、あるようにしてあり、すべてが、起きるようにして起きる。***世界のなかには価値は存在しない***」というものです。「等価値」とは「価値は存在しない」ことを意味します。

　価値と対比される反対概念は事実です。世界の内部で「あるようにしてある」もの、「起きるようにして起きる」こと、それらは偶然的な事実にすぎません。それらの事実を偶然的でなく、かけがえのないものにするのが価値のはたらきです。この価値は世界の内部にではなく、世界の「外側」に属します。なぜなら世界の内部にあるものはすべて偶然的だからです。したがって「『起きることすべて』や『そうであることすべて』を偶然ではないものにするものは、世界の外側にあるにちがいない (6.41)」と言われます。当然ながら、世界の外側にあるものについて、われわれは語ることができません。世界内部の偶然的事実について語るのが自然科学の命題だとすれば、世界のあるべき形を指定する価値について語る命題は倫理（学）に属します。それゆえ「6.42　そういうわけで倫理の命題も存在することができない」あるいは「6.421　明らかなことだが、倫理を言葉にすることはできない。倫理は超越論的である」と主張されるわけです。

　いま「超越論的（transcendental）」という小難しい

言葉が出てきましたが、これはもともとカントが「経験を可能にする条件」という意味で用いた哲学用語です。ここでは世界の内部にある「偶然的（経験的）事実を可能にする条件」という意味で理解しておけばよいでしょう。実は『論考』のなかで、もう一箇所「超越論的」という言葉が用いられているところがあります。それは「6.13　論理は学説ではない。世界の鏡像である。論理は、超越論的である」という箇所です。ここでも「超越論的」という言葉は、偶然的事実を可能にする条件という意味で用いられていることは、「6.3　論理の探求は、*すべての法則性*の探求のことである。そして論理の外側では、すべてが偶然である」という文言からも明らかでしょう。つまり、倫理と論理はともに「超越論的」であることによって、世界の境界条件を形作っているのであり、それによって「語りえないもの」と境界を接しているのです。

　倫理は善と悪に関する言説ですが、それが世界の境界条件であることは、「6.43　善意または悪意が世界を変えるなら、変えることのできるのは、世界の限界だけである。事実を変えることはできない」という形で述べられています。したがって、われわれは倫理的問題、すなわち「生の謎」を世界の内部で解決することはできません。「時間と空間のなかにある生の謎を解くことは、時間と空間の*外側*にある（6.4312）」と言われているのは、まさにそのことです。世界（時間と空間）の内部で解決可能

なのは、ただ自然科学の問題だけですが、それが解決したからといって、生の問題に決着がついたわけではありません。しかし、そこにはもはや問われるべきことは何一つ残されていないのです（6.52）。それゆえ「生の謎」について、ヴィトゲンシュタインは「6.521 生の問題が解決したことに気づくのは、その問題が消えたことによってである」と何やら禅問答のような断案をくだしています。

　これまで見てきましたように、『論考』は全体の6分の5を占める論理的考察の部分と6分の1にすぎない最後の倫理的考察という二つの部分から成り立っています。おそらく、前半の論理的考察の部分だけが独立して刊行されたとするならば、『論考』は優れた論理学書ではあっても、20世紀を代表する哲学書にはなりえなかったに違いありません。『論考』の魅力は一にかかって前半と後半のアンバランスさにあります。またその不均衡が、統一的な解釈を模索する研究者の挑戦意欲をかき立てているのです。

　実際、ヴィトゲンシュタインは『論考』の出版を依頼する編集者のフィッカー宛ての手紙の中で、「はじめに」の中に書かれなかった文章として、次のような一節を挙げています。すなわち「私はこう書くつもりでした。私の著作は二つの部分から成っている、一つはここに提示されているもの、いま一つは私が書かなかったことのすべてである、と。そして重要なのはじつにこの第二の

部分なのです」というものです。また、それに続けて「私の本は、倫理的なものごとをいわば内側から限界づけており、私はこれこそが倫理の限界を定める、まさしく唯一の方法であると確信しています」と付け加えています（黒田亘［編］『ウィトゲンシュタイン・セレクション』による）。

だとすれば、『論考』において彼は、「語りえるもの」の境界を定めることによって、「語りえないもの」の境界を内側から限界づけようとしたのだ、と言えるでしょう。本書の「はじめに」においても、ヴィトゲンシュタインは「つまりこの本は、思考に境界線を引こうとしているのです。いや、むしろ——思考にではなく、思想の表現に、境界線を引こうとしているのです」（3頁）とその目標を述べていました。もちろん、「思想の表現」とは言語を意味しますから、「思考可能なもの」とは「語りえるもの」にほかなりません。そしてその境界設定を通じてはじめて、倫理的価値に代表される「語りえないもの」がその向こう側に示されるわけです。

しかしながら、この境界線を引く作業そのものは、自然科学の営みには属しません。つまり、世界内部の事実について語る有意味な命題ではありません。それゆえヴィトゲンシュタインは『論考』を終えるにあたって、「6.54 私の文章は、つぎのような仕掛けで説明をしている。私がここで書いていることを理解する人は、私の文章を通り——私の文章に乗り——私の文章を越えて上っ

てしまってから、最後に、私の文章がノンセンスであることに気づくのである。(いわば、ハシゴを上ってしまったら、そのハシゴを投げ捨てるにちがいない)」というどんでん返しを用意します。この哲学の自己否定ともいえる反哲学的結論は、ある意味で哲学を「学説」ではなく「活動」と規定したことからの当然の帰結とも言えます。内側から境界線を引き終えたとき、そこで哲学の活動も停止するのです。おそらくはその境界線上に立ちつくしたまま、ヴィトゲンシュタインは「7　語ることができないことについては、沈黙するしかない」とつぶやいて本書を締めくくります。語ることのできないものを前にした彼の深い沈黙は、まさに世界の重さと釣り合っているのです。

　しかし、この沈黙は「はじめに」で表明されている「この本で伝えている思想が**真実である**ことは、決定的で疑いの余地がないように思えます。つまり私は、哲学の問題を本質的な点において最終的に解決したと考えています」(4～5頁)という不遜とも見える自負と表裏一体のものでした。実際、『論考』を書き終えたヴィトゲンシュタインは哲学を放棄して沈黙し、教員免許を取得してウィーン郊外の田舎の小学校に赴任します。やがて10年後に彼は再び哲学に復帰し、『哲学探究』に結実する、『論考』とはまったくスタイルの異なる新たな哲学を展開するのですが、それはまた別の物語に属します。今日のところは、みなさんを『論考』の入口までご案内

したことで満足しなければなりません。あとはみなさんがこの出前講義というハシゴを投げ捨て、ご自分の足で『論考』の森を探検されることを期待してお開きとさせていただきます。長時間にわたり、ご静聴ありがとうございました。

[参考文献]

ヴィトゲンシュタインおよび『論考』を論じた解説書は文字通り「汗牛充棟」といって過言ではありません。ここではたまたま手許にあって、今回の出前講義を準備するに当たり参照させていただいた数冊のみを挙げるにとどめます。一冊だけというなら、私が「解説」を書いている黒田亘（編）『ウィトゲンシュタイン・セレクション』をお薦めします。なお、「草稿1914〜1916」からの引用は『ウィトゲンシュタイン全集』第一巻（奥雅博訳、大修館書店、1975）所収のものを使わせていただきました。

- 飯田隆『ウィトゲンシュタイン』講談社、2005
- 鬼界彰夫『ウィトゲンシュタインはこう考えた』講談社現代新書、2003
- 黒田亘（編）『ウィトゲンシュタイン・セレクション』平凡社ライブラリー、2000
- 永井均『ウィトゲンシュタイン入門』ちくま新書、1995

- 野家啓一（編）『ウィトゲンシュタインの知88』新書館、1999
- 野矢茂樹『「論理哲学論考」を読む』ちくま学芸文庫、2006

目 次

高校生のための『論考』出前講義
　　　　　　　　　　　　野家 啓一

論理哲学論考　　　　　　　..........................1

年　譜　　野家啓一 148

訳者あとがき　　　　.....................158

[　]内のコメントは、訳者のものです。

論理哲学論考

友人デイヴィド・H・ピンセント
の思い出に捧げる

……そして、そのざわめきやどよめきを
聞いただけでなく、ちゃんとそれを
知っているなら、それがどんなことでも、
３語で言うことができるものです。
　　　　　　　　　　キュルンベルガー

はじめに

　この本を理解してくれる人は、ここで表現されている思想を——または似たような思想を——すでに自分で考えたことがある人だけかもしれません。——つまりこの本は、教科書ではありません。——この本を読んで理解して、おもしろいと思ってくれる人がひとりでもいれば、この本の目的は達成されたことになるでしょう。

　この本は、哲学の問題を扱っています。そして、哲学の問題が問題にされるのは、私たちの言語の論理が誤解されているからなのだ、ということを、この本はしめしている——と私は思っています。この本の意味をまとめて言うとすれば、つぎのような言葉になるかもしれません。言うことができることは、クリアに言うことができる。そして語ることができないことについては、沈黙するしかない。

　つまりこの本は、思考に境界線を引こうとしているのです。いや、むしろ——思考にではなく、思想の表現に、境界線を引こうとしているのです。というのも、思考に境界線を引くためには、その境界線の両側のことを考えることができなければならないでしょうから（もしもかりにそんなことが可能なら、私たちは、考えられないこ

とを考えることができなければならないでしょう）。

　というわけで、その境界線を引くことができるのは、言語においてでしかないでしょう。そして、その境界線の向こう側にあるものは、ノンセンスでしかないでしょう。

　私の努力の成果がほかの哲学者たちの努力の成果とどれくらい重なるのか、私は判断するつもりはありません。もちろん、私がこの本に書いたことは、個々の点においてその新しさを主張したりするものではありません。そういうわけで出典も明記していません。私の考えたことを、ほかの誰かが私より前に考えたかどうかなど、私にはどうでもいいことですから。

　ただ、ひとつ言っておきたいことがあります。私の思想は、フレーゲのすばらしい著作と、私の友人バートランド・ラッセルの仕事から、大きな刺激を受けています。

　この本の仕事に価値があるとすれば、ふたつの意味においてです。ひとつは、この仕事のなかに思想が表現されていること。そしてその価値は、その思想がうまく表現されていればいるほど、大きなものであるでしょう。核心をついていればいるほど、大きなものであるでしょう。――しかしここで私は、それがほとんど実現できなかったことに気づいています。ともかく私には、そういう課題を克服するには力がなさすぎるからです。――誰かがあらわれて、もっとうまくやってくれることを願います。

　それとは逆に私には、この本で伝えている思想が*真実*

であることは、決定的で疑いの余地がないように思えます。つまり私は、哲学の問題を本質的な点において最終的に解決したと考えています。そしてこの点で私が勘違いしていなければ、この本の仕事の価値の、もうひとつの意味は、哲学の問題が解決されたとしても、ほとんどなにもなされたことにはならない、ということをしめしている点にあります。

L・W

　1918年、ウィーン

1*　　　　世界は、そうであることのすべてである。

1.1　　　　世界は、事実の総体である。事物の総体ではない。

1.11　　　世界は、事実によって規定されている。その事実が**すべて**事実であることによって、規定されている。

1.12　　　というのも、事実の総体が、なにがそうであるのかを、そしてまた、なにがそうでないのかを、規定するからである。

1.13　　　論理空間のなかにある事実が、世界である。

1.2　　　　世界を分解すると、複数の事実になる。

1.21　　　ひとつのことはそうであるか、そうでないかのどちらかだが、その他のことはすべてそのままであ

---

*　個々の文章の番号につけた十進法の数字は、それぞれの文章の論理的な重さをあらわしている。私の叙述においてその文章がどれだけ強調されているのか、をあらわしている。n.1、n.2、n.3などの文章は、文章nにつけたコメントである。n.m1、n.m2などの文章は、文章n.mにつけたコメントである、という具合だ。

る可能性がある。

2 　　　　そうであること、つまり事実とは、事態が現実にそうなっていることである。

2.01 　　　事態は、対象（事柄、事物）が結合したものである。

2.011 　　　事態の構成要素であることができるのは、事物にとって本質的なことである。

2.012 　　　論理では、なにひとつ偶然なものはない。事物が事態のなかに登場する*可能性がある*なら、事物のなかに事態の可能性がすでに先取りされているにちがいない。

2.0121 　　もしもかりに、ひとりで勝手に存在できるような事物に、後から状況が当てはまるようなことがあるとすれば、それはいわば偶然の現象ということになるだろう。
　　　　　　事物が事態のなかに登場する可能性があるなら、その可能性はすでに事物のなかにあるにちがいない。
　　　　　　（論理的なものは、たんに可能であるだけではない。論理は、あらゆる可能性を扱う。そしてすべ

ての可能性は、論理にとっては事実なのだ）

　　　空間的な対象を空間の外側で考えることなどできない。時間的な対象を時間の外側で考えることなどできない。同様に私たちは、**どんな**対象も、ほかの対象と結合する可能性の外側で考えることはできない。

　　　私が対象を事態と結びつけて考えることができるなら、私は対象を、その結びつきの**可能性**の外側で考えることはできない。

2.0122　　事物が自立しているのは、**可能な**すべての状況で登場することができるからだ。しかしこの自立の形式は、事態とのつながりの形式であり、非自立の形式なのだ。（言葉が、2種類の仕方で——つまり「単独で」と「文中で」——登場することは、不可能である）

2.0123　　私が対象をよく知っているなら、私は、対象が事態のなかで登場する可能性もすべてよく知っている。
　　　（そういう可能性はどれも対象の本性に含まれているにちがいない）
　　　新しい可能性が後で見つけられることはありえない。

2.01231　　対象をよく知るために、私は、対象の外的な特性をよく知っておく必要はないが——対象の内的な

特性はすべてよく知っておく必要がある。

2.0124 　　すべての対象があたえられているなら、それとともに、*可能な*すべての事態もあたえられている。

2.013 　　どんな事物も、いわば、可能な事態の空間のなかにある。その空間を私は空っぽであると想像することができるが、空間なしで事物を想像することはできない。

2.0131 　　空間的な対象は、無限の空間のなかにあるにちがいない。（空間点は項の位置である）
　　　　視野のなかにある斑点は、赤である必要はないが、なにか色をもっている必要がある。その斑点は、いわば色空間に取り囲まれている。音には、*なにか*高さが必要だし、触覚の対象には、*なにか*硬さが必要である、などなど。

2.014 　　対象は、すべての状況の可能性を含んでいる。

2.0141 　　対象が事態のなかに登場する可能性が、対象の形式である。

2.02 　　対象は単純である。

2.020I　　複合体についてのどの発言も、その構成要素についての発言と、その複合体を完全に記述しているまさにその命題とに、分解することができる。

2.021　　対象が世界の実体を形づくっている。だから対象は、合成されたものではありえない。

2.02II　　もしもかりに、世界に実体がないなら、「ある命題に意味があるかどうか」は、「別の命題が正しいかどうか」に左右されることになるだろう。

2.02I2　　もしもかりに左右されることになるなら、世界の像を（正しく、または、まちがって）スケッチすることは不可能だろう。

2.022　　現実の世界とどんなに異なったふうに想像された世界でも、明らかになにかを——なんらかの形式を——、現実の世界と共有しているにちがいない。

2.023　　確かなその形式は、まさに複数の対象によって構成されている。

2.023I　　世界の実体は、形式だけを規定することができる。物質的な特性を規定することはできない。というのも物質的な特性は、命題によってはじめて描か

れ——対象の配置によってはじめて像となるのだから。

2.0232　　ついでに言っておくと、対象に色はない。

2.0233　　論理形式が同じ２つの対象を——外的な特性を別として——区別するのは、２つの対象が異なっているということだけである。

2.02331　　ある事物が、ほかのどの事物にもない特性をもっているなら、それを記述することによって、簡単にほかの事物から引き立てることができる。そしてその事物を指ししめすことができる。そうでない場合には、すべての特性を共有している事物がいくつかあるわけだから、どれか１つを引き立てて指ししめすことなど、不可能である。
　　　　　というのも、なにによっても際立っていない事物なら、私はその事物を際立たせることができないのだから。というのも、私が際立たせることができるなら、その事物はまさに際立っているのだから。

2.024　　実体とは、現在そうであることに従属しないで存在しているものである。

2.025　　実体とは、形式と内容である。

2.0251　　空間、時間、色（色がついていること）が、対象の形式である。

2.026　　対象が存在するときにだけ、世界の、確かな形式が存在することができる。

2.027　　確かなもの、存在しているもの、対象。これらは同じものである。

2.0271　　対象は、確かなものであり、存在しているものである。配置は、変化するものであり、不安定なものである。

2.0272　　対象の配置が、事態をかたちづくっている。

2.03　　事態のなかで、対象たちがからまり合っている。鎖の輪のように。

2.031　　事態のなかで、対象たちが特定のやり方で関係しあっている。

2.032　　対象たちが事態のなかでつながっているやり方が、事態の構造である。

2.033　　形式とは、構造の可能性である。

2.034　　　事実の構造は、事態たちの構造たちからなりたっている。

2.04　　　現実になっている事態たちの総体が、世界である。

2.05　　　現実になっている事態たちの総体によって、どういう事態が現実になっていないのか、ということも規定される。

2.06　　　どういう事態が現実になっていて、どういう事態が現実になっていないか。それが現実である。（事態が現実になっていることを、私たちはポジティブな事実と呼び、事態が現実になっていないことを、ネガティブな事実と呼ぶ）

2.061　　　事態と事態は、おたがいに従属しあってはいない。

2.062　　　ある事態が現実になっているか、なっていないかから、別の事態が現実になっているか、なっていないかを、推論することはできない。

2.063　　　全部の現実が、世界である。

2.1　　　　私たちは事実の像をつくる。

2.11　　　　像は、論理空間の状況をあらわしている。事態が現実になっていることを、そして事態が現実になっていないことを、あらわしている。

2.12　　　　像は、現実の模型である。

2.13　　　　対象に対応しているものは、像では像のエレメントである。

2.131　　　像のエレメントが、像では対象の代理をしている。

2.14　　　　像が像であるのは、像のエレメントたちが特定のやり方で関係しあっているからである。

2.141　　　像も事実である。

2.15　　　　像のエレメントたちが特定のやり方で関係しあっているということは、事柄たちがその特定のやり方で関係しあっているということを、あらわしている。
　　　　　　像のエレメントたちのこのつながりを、像の構造と呼ぶことにしよう。そしてその構造の可能性を、

像の写像形式と呼ぶことにしよう。

2.151　　　写像形式の可能性とは、事物たちが像のエレメントたちのように関係しあっているという可能性のことである。

2.1511　　像は、**そんなふうにして**現実と結びついている。像は、現実にまで達している。

2.1512　　像は、物差しのように現実にあてがわれている。

2.15121　　測ることのできる対象に**触れている**のは、あてがわれた両端の目盛りだけである。

2.1513　　このように考えるなら、つまり、像を像にする写像関係までもが、像に属することになる。

2.1514　　写像関係が生まれるのは、像のエレメントたちを事柄たちに割り当てることによってである。

2.1515　　そういう割り当てたちは、いわば、像のエレメントたちの触角のようなものである。その触角によって像が現実に触れるのだ。

2.16　　　事実が像であるためには、事実は、写像され

たものとなにかを共有する必要がある。

2.161　　あるものが別のものの像であることができるためには、像と写像されたものとにおいて、なにかが同一である必要がある。

2.17　　像は、現実をそのやり方で——正しく、またはまちがって——写像することができるためには、なにを現実と共有している必要があるのか。写像形式である。

2.171　　像は、どんな現実でも写像することができる。その現実の形式をもっている場合には。
　　　　空間の像は、空間にかんするものならどんなものでも写像することができるし、色の像は、色にかんするものならどんなものでも写像することができる、などなど。

2.172　　だが自分の写像形式を、像は写像することができない。提示するだけである。

2.173　　像はそのオブジェクトを外側から描写する（像の視点が描写形式なのだ）。だから像は、そのオブジェクトを正しく、またはまちがって描写するのである。

2.174 しかし像はその描写形式の外側に立つことができない。

2.18 どんな形式であっても、どの像も、現実をとにかく——正しく、またはまちがって——写像することができるためには、なにを現実と共有している必要があるか。論理形式である。つまり、現実の形式である。

2.181 その写像形式が論理形式なら、その像は論理像と呼ばれる。

2.182 どんな像も、像であるかぎり、論理像でもある。(逆にたとえば、どんな像も、空間像であるわけではない)

2.19 論理像は、世界を写像することができる。

2.2 像は、写像されたものと写像の論理形式を共有している。

2.201 像は、事態が現実にそうなっている・そうなっていない、の可能性を描写することによって、現実を写像する。

2.202 像は、論理空間での可能な状況を描写する。

2.203　　像には、それが描写している状況が可能である、ということが含まれている。

2.21　　像は、現実と一致するか、現実と一致しないかである。正しいか、正しくないか。真か、偽かである。

2.22　　像が描写するのは、描写するものの真偽に依存せず、写像形式によって、である。

2.221　　像が描写しているものが、像の意味である。

2.222　　像の意味と現実との一致・不一致が、像の真・偽となる。

2.223　　像の真・偽を見わけるために、私たちは像を現実と比較する必要がある。

2.224　　像からだけでは、真・偽を見わけることができない。

2.225　　アプリオリに真である像は、存在しない。

3　　事実の論理像が、考えである。

3.001 　　「ある事態を考えることができる」とは、私たちがその事態の像をつくることができる、ということである。

3.01 　　真の考えの総体が、世界の像である。

3.02 　　考えには、それが考えている状況が可能である、ということが含まれている。考えることのできることは、可能でもある。

3.03 　　私たちは非論理的なことを考えることができない。もしもかりにそんなことができるなら、私たちは非論理的に考えているにちがいないだろうから。

3.031 　　以前、こう言われていた。神はどんなものでも創造することができます。もっとも、論理法則に逆らっているものは無理ですが。——というのも私たちには、「非論理的な」世界がどのようなものなのか、*言える*わけがないからである。

3.032 　　「論理に反する」ことを言語で描写することはできない。ちょうど幾何学で、空間の法則に反する図形を座標で描いたり、存在しない点の座標をしめしたりすることができないように。

3.0321　　私たちは、物理学の法則に反するような事態を空間的に描写することができるけれど、幾何学の法則に反するような事態を空間的に描写することはできない。

3.04　　アプリオリに正しい考えというものが、かりにあるとすれば、そう考えることが可能であるというだけで、その考えが真であると保証されるような考えだろう。

3.05　　ある考えが真であることを、かりに私たちがアプリオリに知ることができるとすれば、それはただ、（比較するオブジェクトなしに）考えそのものから、その考えが真であるとわかる場合だけだろう。

3.1　　命題では考えが感覚的に知覚できるように表現されている。

3.11　　私たちは、命題という感覚的に知覚できる記号（音声記号とか文字記号など）を、可能な状況を射影したものとして利用する。
　　　　射影という方法は、命題＝意味を考えることである。

3.12 　　　　私たちが考えを表現する記号のことを、私は命題記号と呼ぶ。そして命題とは、世界と射影関係にある命題記号のことである。

3.13 　　　　命題には、射影に属するすべてのものが属しているけれども、射影されたものは属していない。
　　　　　　つまり、射影されたものの可能性は属しているけれど、射影されたもの自身は属していない。
　　　　　　命題には、だから、命題の意味はまだ含まれていないけれど、しかしその意味を表現する可能性は含まれている。
　　　　　　（「命題の内容」とは、有意味な命題の内容のことである）
　　　　　　命題には、命題の意味の形式が含まれているけれど、その意味の内容は含まれていない。

3.14 　　　　命題記号がなりたっているのは、命題の要素、つまり単語が、特定のやり方で関係しあっているからである。
　　　　　　命題記号も、事実である。

3.141 　　　命題は、たんに単語を寄せ集めたものではない。――（音楽のテーマが、たんに音を寄せ集めたものではないように）
　　　　　　命題は分節化されている。

3.142　　　事実だけが意味を表現することができる。名前を集めても、意味を表現することはできない。

3.143　　　命題記号も事実である。手書き文字や活字という普通の表現形式が、そのことにベールをかぶせている。
　　　というのも、たとえば印刷された命題では、命題記号が単語とあまり違ったふうには見えないからだ。
　　　（そのおかげでフレーゲは、命題のことを、合成された名前と呼ぶようになった）

3.1431　　命題記号の本質をとてもクリアにするには、こう考えればいい。つまり、命題記号は、文字記号からではなく、空間的な対象（たとえば机、椅子、本）から構成されているのだ、と考えるのである。
　　　そうすると、これらの事物がおたがいに空間で占めている位置が、命題の意味を表現していることになる。

3.1432　　「複合的な記号》aRb《が言っているのは、aとbはRという関係にある」ということではない。そうではなくて、》a《と》b《はなんらかの関係にあるということを、aRbということは言っているのだ。

3.144　　　状況を記述することはできるが、状況に**名前をつける**ことはできない。
　　　　　　（名前は点に似ている。命題は矢に似ている。命題には意味がある）

3.2　　　　命題では、どのようにして考えが表現されていることができるのか。考えの対象たちに、命題記号の要素たちが対応しているからだ。

3.201　　　その要素たちのことを、私は「単純な記号」と呼ぶ。そしてその命題のことを、「完全に分析された」と言う。

3.202　　　命題で使われた単純な記号は、名前と呼ばれる。

3.203　　　名前は、対象を指示している。対象が、名前の意味である。（»A«は、»A«と同一の記号である）

3.21　　　命題記号における単純な記号たちの配置には、状況における対象たちの配置が対応している。

3.22　　　名前は、命題では対象の代理である。

3.221　　　対象にかんして、私は**名前を言う**ことしかで

きない。記号が、対象の代理である。私にできるのは、対象**について**話をすることだけ。**対象を言葉であらわすことは、私にはできない。**命題が言うことができるのは、事物が**どのように**あるか、だけである。事物が**なに**であるか、は言うことができない。

3.23 　　　単純な記号たちであるはずだという要求は、意味が確定しているべきだという要求である。

3.24 　　　複合体のことを扱っている命題は、その構成要素のことを扱っている命題と、内的に関係している。
　　　複合体は、記述されることによってのみ存在することができる。そしてその記述は、合っているか、合っていないかだろう。複合体のことを話題にしている命題は、その複合体が存在していない場合、ノンセンスなのではなく、まちがっているにすぎないのだろう。
　　　命題のひとつの要素がひとつの複合体の記号になっている。それは、その要素が登場する命題たちに不確定なところがあることから見抜くことができる。この命題によってまだすべてが確定しているわけではない、ということを私たちは**知っている**。（一般的であることを記号にすれば、そこには原像が**含まれているのだから**）
　　　複合体のシンボルをまとめた単純なシンボルは、定義によって表現することができる。

3.25　　　　命題には分析がひとつある。完全な分析がひとつだけある。

3.251　　　自分の表現していることを、命題は、確定した、クリアにしめすことのできるやり方で表現している。つまりその命題は、分節化されているのだ。

3.26　　　　名前を定義によってさらに分解することはできない。名前は原始記号なのだ。

3.261　　　定義された記号はどれも、その記号を定義した記号たちを*越えて*、なにかをあらわしている。そして定義たちがその道を教えている。
　　　　　　原始記号、それから原始記号によって定義された記号。この２つの記号は、同一のやり方でなにかをあらわすことはできない。名前を定義によって分割することは**できない**。（単独で、自立して意味をもっている記号を、定義によって分割することはできない）

3.262　　　記号において表現されないものは、記号の用いられ方によってしめされる。記号が呑み込んでいるものは、記号の用いられ方によって発言される。

3.263　　　原始記号の意味は、説明によって明らかにす

ることができる。説明というのは、原始記号を含んでいる命題のことだ。だから、説明が理解できるのは、それらの記号をすでに知っているときだけである。

3.3 　　　命題だけが意味をもつ。命題の脈絡のなかでしか名前は指示対象をもたない。

3.31 　　　命題の部分で、命題の意味を特徴づけているものなら、どんなものでも、私はそれを表現（シンボル）と呼ぶ。
　　　（命題自体も、表現である）
　　　命題たちが共有することのできるもので、命題の意味にとって本質的なものなら、すべて表現である。
　　　形式と内容は、表現によって特徴をしめされる。

3.311 　　　表現は、その表現が登場することのできるすべての命題の形式を、前提にしている。表現は、1クラスの命題に共通の、特徴をもったメルクマールなのだ。

3.312 　　　だから表現は、その表現が特徴づける命題たちの一般的な形式によって描かれる。
　　　しかもその一般的な形式では、その表現が*定項*であり、他のすべてが*変項*であるだろう。

3.313　　だから表現は、その表現を含む命題がその値である変項によって描かれる。
　　　　　（極端な場合、変項が定項となり、表現が命題となる）
　　　　　命題を値にするそのような変項を、私は「命題変項」と呼ぶ。

3.314　　表現は、命題のなかでだけ意味をもつ。どんな変項も、命題変項としてとらえることができる。
　　　　　（名前の変項も、命題変項としてとらえることができる）

3.315　　ある命題の１つの構成要素を変項に変えると、そうやってできた変項をもつ命題の値の総体として、１クラスの命題たちが存在することになる。このクラスは一般に、私たちが任意の取り決めによって最初の命題の部分をどう考えるか、にまだ依存している。しかし私たちが、意味を任意に確定した記号をすべて変項に変えても、まだあいかわらずそういうクラスが存在することになる。しかしこちらのクラスは、取り決めには依存しておらず、命題の本性にだけ依存している。論理形式——論理的な原像——に対応しているのである。

3.316　　命題変項がどういう値をとることが許されるのかが、確定される。
　　　　　値の確定こそが、変項なのである。

3.317　　命題変項の値を確定することは、共通のメルクマールがその変項である**命題を列挙すること**である。
　　　　　値を確定することは、その命題を記述することである。
　　　　　だから、値の確定は、シンボルだけにかかわるだろう。シンボルの意味にはかかわらないだろう。
　　　　　そしてつぎのこと**だけ**が、値の確定にとって本質的なことである。つまり、***値を確定することは、シンボルを記述しているだけで、なにがあらわされているのかについてはなにも発言していないのだ。***
　　　　　命題がどのようにして記述されることになるのか、は本質的なことでない。

3.318　　命題というものを、私は——フレーゲやラッセルのように——命題に含まれている表現の関数ととらえている。

3.32　　記号とは、シンボルの、知覚できる面のことである。

3.321　　だから、異なった2つのシンボルが、同じ記

号（文字記号や音声記号など）を共有している場合がある。——そのとき2つのシンボルは、異なったやり方であらわしているのだ。

3.322　　　私たちが2つの対象を、同一の記号によってあらわしても、**あらわし方**が異なっているなら、2つの対象に共通のメルクマールをしめすことはできない。というのも記号は任意のものであるからだ。だから、異なった2つの記号を選ぶこともできなくはないだろう。その場合、あらわし方の共通点はどこにあるというのだろう？

3.323　　　日常言語では、じつにひんぱんに起きていることがある。まったく同じ単語が、異なったやり方であらわしている——つまり異なったシンボルに属している——かと思えば、2つの単語が、異なったやり方であらわしているのに、見かけのうえでは同じやり方で、文章に用いられているのだ。

　　　たとえば»ist«という単語は、「……である」という繋辞として、「……と等しい」という等号として、「……がある」という存在表現として登場する。»existieren«［存在する］という単語は、»gehen«［行く］のような自動詞として登場する。»identisch«［同一である］という単語は、形容詞として登場する。私たちは、**なにかあること**を話題にするし、また、**なに**

*か*あることが起きることも、話題にする。

　　　　　(≫Grün ist grün≪［グリューンはまだ青い（未熟だ）］という文章——最初の単語は人名の「グリューン」であり、最後の単語は形容詞の「まだ青い」である——では、これらの言葉は、たんに異なった意味をもっているだけでなく、それぞれが*異なったシンボル*なのだ)

3.324　　　というようなわけで、きわめて基本的な混同が簡単に生まれることになる（哲学全体がこういう混同にまみれている）。

3.325　　　こういう間違いを避けるために、私たちは記号言語を使う必要がある。記号言語によって間違いが排除されるのは、記号言語が、異なったシンボルでは同じ記号を使わないからであり、また記号言語が、異なったやり方であらわしている記号を、見かけのうえでは同じやり方では使わないからである。つまり記号言語は、*論理的な*文法に——論理的シンタックスに——服従しているものである。

　　　　　（フレーゲとラッセルの概念記法は、そのような言語だが、まだすべてのミスを排除するものではない)

3.326　　　記号からシンボルを識別するためには、記号

を有意味に使うよう気をつける必要がある。

3.327　　　記号は、論理的シンタックスにしたがって使われてはじめて、論理形式を確定する。

3.328　　　記号は、*使われない*なら、意味をもたない。これがオッカムの格言の意味である。
　　　　（すべての場合に、ある記号が意味をもっているかのようであるなら、その記号には意味がある）

3.33　　　論理的シンタックスでは、記号の意味がプレーヤーになってはならない。論理的シンタックスは、記号の*意味*などを問題にすることなく、編成可能である必要がある。それは、表現を記述すること*だけ*を前提にすればいいのだ。

3.331　　　この観点から、ラッセルの「タイプ理論」をのぞいてみると、どこでラッセルが間違えているのか、見えてくる。つまりラッセルは、記号のルールを編成するときに、記号の意味を問題にせざるをえなかったのだ。

3.332　　　どの命題も自分自身について発言することはできない。なぜなら、命題記号は自分自身のなかに含まれていることができないからだ（これが「タイプ理

3.333　　　関数は自分自身の項であることはできない。なぜなら関数記号はすでに自分の項の原像を含んでいるからであり、原像は自分で自分を含むことができないからだ。

　　　その理由はこうだ。もしもかりに関数F(fx)がそれ自身の項であることが可能なら、»F(F(fx))«という命題が存在することになるだろう。するとこの命題では、外側の関数Fと内側の関数Fは、異なった意味をもつ必要がある。というのも内側の関数は、φ(fx)という形式をもち、外側の関数は、ψ(φ(fx))という形式をもっているからである。これら2つの関数に共通なのは、»F«という文字だけであり、この文字は単独ではなにもあらわさない。

　　　このことは、»F(F(u))«のかわりに»(∃φ): F(φu).φu＝Fu«と書けば、すぐに明らかになる。

　　　以上によって、ラッセルのパラドックスは片づけられる。

3.334　　　論理的シンタックスのルールは、それぞれの記号が［対象を］どのようにあらわすのか、を私たちが知りさえすれば、ひとりでに理解されるにちがいない。

3.34 命題には本質的な特徴と偶然の特徴がある。
偶然の特徴は、命題記号を音や文字にする特別なやり方から生まれるものである。本質的な特徴は、命題にその意味を表現することを可能にするもので、それは本質的な特徴にしかできないことである。

3.341 だから、命題において本質的なものとは、同じ意味を表現することのできるすべての命題に共通しているものである。
同様に、一般にシンボルにおいて本質的なものとは、同一の目的をはたすことのできるすべてのシンボルが共有しているものである。

3.3411 だから、本来の名前とは、対象をあらわしているすべてのシンボルが共有しているものである、と言うことができるかもしれない。名前がどんなふうに合成されているかは、名前にとって本質的なことではないと、だんだんわかるようになるだろう。

3.342 私たちの表記法では、なにかあるものは任意だが、すると、任意でなくなる*ことが*ある。つまり、私たちがなにかあるものを任意に決めた*後*では、そのなにかあるもの以外のものは、確定したものにならざるをえない。(これは表記ということの*本性*による)

3.3421　　個別のあらわし方は重要ではないだろう。だが、つねに重要な点は、それが、ひとつの**可能な**あらわし方であることだ。そしてこの点は、哲学一般についても言える。つまり、個々のものは重要ではないと、いつもくり返し証明されるのだが、個々のものがそれぞれ可能であることによって、私たちには世界のあり方が明らかになる。

3.343　　定義というのは、ある言語から別の言語への翻訳のルールである。適切な記号言語ならどんなものでも、そういう翻訳のルールにしたがって、別のどんな記号言語にも翻訳できるにちがいない。*このことは、*すべての適切な記号言語が共有していることである。

3.344　　シンボルがあらわしているものとは、論理的シンタックスのルールによってそのシンボルと置換できるシンボルすべてに、共通しているものである。

3.3441　　たとえば、真理関数のすべての表記に共通しているものを、こう表現することができる。つまり、真理関数のすべての表記に共通していることとは、すべてが——たとえば——》〜p≪（「pではない」）と》p∨q≪（「pまたはq」）という表記に**置換**できるということなのだ。

　　　　　（特殊だけれど可能な表記が、一般的なこと

を明らかにしてくれるわけだが、そのやり方には、以上のような特徴があるのである）

3.3442　複合体の記号は、分析しても任意には分解されない。どの複合文でも分解すれば、分解の仕方が別のものになるなどということはない。

3.4　　　命題は、論理空間において１つの場所を決める。その論理的な場所の存在は、構成部分たちの存在によってのみ保証されている。有意味な命題の存在によってのみ保証されている。

3.41　　命題記号と論理的な座標。これが論理的な場所である。

3.411　幾何学的な場所と論理的な場所は、両方とも存在の可能性である、という点において一致する。

3.42　　命題は論理空間の１つの場所だけを決めることが許されている。それにもかかわらず、その命題のおかげで、論理空間がまるごと生まれている必要がある。
　　　　（でないと、否定や論理和や論理積などによって、いつも新しいエレメントが——調整役として——導入されるだろう）

　　　　　　（像のまわりの論理的な足場が、論理空間を決める。命題は論理空間全体に手を伸ばして介入している）

3.5　　　　用いられた、つまり考えられた命題記号が、考えである。

4　　　　考えとは、有意味な命題のことである。

4.001　　命題たちの総体が、言語である。

4.002　　人間には、言語を建築する能力がある。それぞれの単語がなにをどのように意味しているかについて、まったく知らないまま、その言語によって、どんな意味でも表現できるのだ。――個々の音がどんなふうに出されるのか、知らないでも、しゃべっているように。

　　　　日常言語は、人間という有機体の一部であり、人間という有機体に負けないくらい複雑である。

　　　　言語の論理を日常言語から直接に引き出すことは、人間にはできない。

　　　　言語は、考えに変装させる。それも、服を着せられた考えの形が、服の外形からでは推測できないほどにである。なぜなら、服の外形は、体形を見わけられるようにではなく、まったく別の目的で作られて

いるのだから。
　　　　　　日常言語を理解するため暗黙のうちに取り決められている事柄は、とてつもなく複雑である。

4.003　　哲学的なことについて書かれてきた命題や問いのほとんどは、まちがっているのではなく、ノンセンスである。だから私たちは、その種の問いに答えることなどできっこない。ただそれらがノンセンスであると確認することしかできない。哲学者たちの問いや命題のほとんどは、私たちが私たちの言語の論理を理解していないことにもとづいている。
　　　　　　（それらは、「善は美と、程度の差はあっても同一なのか」というような問いである）
　　　　　　そして、もっとも深い問題が、じつは問題ですら**ない**ということも、驚くべきことではない。

4.0031　　すべての哲学は「言語批判」である。（ただしマウトナーの言う意味でではないが）。ラッセルの功績は、命題の見かけの論理形式は命題の現実の論理形式である必要はない、ということをしめしたことである。

4.01　　命題は、現実の像である。
　　　　　　命題は、私たちが想像するような現実の、モデルである。

4.011　　一見したところ、——たとえば紙に印刷されているような——命題は、その命題が扱っている現実の、像ではないように思える。しかし楽譜も、一見したところ、音楽の像ではないように思える。また私たちの音声記号（アルファベット）の文字も、私たちの音声言語の像ではないように思える。

　　　　　だがそれにもかかわらずこれらの記号言語は、普通の意味でも、これらが描いているものの像になっていることがわかる。

4.012　　明らかなことだが、私たちは、»aRb«という形式の命題を像だと感じている。その場合、明らかに記号は、記号であらわされているものの比喩になっている。

4.013　　そして私たちが、そういう命題が像になっていることのあり方をよく理解してみると、見えてくることがある。つまり、そういうふうに像になっていることは、（楽譜で♯や♭を使うような）*見かけの不規則さ*によって妨害されることは*ない*のだ。

　　　　　というのも、こういう不規則さもまた、楽譜の書き手が表現しようとしているものを、写像しているのだから。ただし別のやり方によってだが。

論理哲学論考

4.014　　レコード盤、楽想、楽譜、音波。これらはすべておたがいに、あの、言語と世界のあいだに成り立つ内的な写像関係になっている。

これらすべてにとって、論理的な構造は共通している。

（ちょうどそれは、[グリムの] メールヘン[「黄金の子ども」]に登場する２人の若者、２頭の馬、[２本の] 百合に似ている。若者も、馬も、百合も、ある意味では、みんな同じなのだ）

4.0141　　ある一般的なルールがある。そのルールのおかげで、音楽家はスコアから交響曲を読み取ることができる。またそのルールのおかげで、レコード盤の溝から交響曲を導き出すことができ、最初のルールによってまたスコアを導き出すことができる。まさにこういう点にこそ、レコード盤、楽想、楽譜、音波という、見たところ素材も形もまるで異なるもののあいだに、内的な類似性がある。そして、そのルールというのは、交響曲を楽譜言語に射影する、射影の法則のことである。射影は、楽譜言語をレコード盤の言語に翻訳するルールである。

4.015　　すべての比喩が可能であり、私たちの表現の仕方が像のようであることが可能なのは、写像の論理があるからだ。

4.016　　　センテンスのあり方を理解するために、私たちは、象形文字のことを考えてみる。象形文字は、象形文字が記述している事実を写像している。
　　　　　そして象形文字からアルファベット文字が生まれたのだが、写像の本質的な部分は失われなかった。

4.02　　　そのことを私たちが見て取るのは、命題記号の意味を私たちが、説明されていなくても、理解しているということである。

4.021　　　命題は、現実の像である。というのも私は、命題を理解するとき、その命題によって描かれている状況をよく知っているからだ。そしてその命題を私は、その意味が説明されていなくても、理解するのだ。

4.022　　　命題は、その意味を*しめす*。
　　　　　命題は、その命題が真である*なら*、事態がどのようであるかを*しめしている*。そしてその命題は、事態がそのようであると*言っている*。

4.023　　　現実は、命題によって、イエス（そうである）かノー（そうでない）かのラインまで固定されている必要がある。
　　　　　そのためには現実は、命題によって完全に記

述される必要がある。

　　　　　命題は、事態を記述している。

　　　　　記述が対象をその外的特性によって記述するように、命題は現実をその内的特性によって記述する。

　　　　　命題は、ひとつの世界を、論理的な足場に助けてもらって構築する。だから、命題が真である*なら*、論理的なことがすべてどんな具合なのかをも、命題を手がかりにして見ることができる。命題が偽でも、*結論を引き出す*ことはできる。

4.024　　命題を理解するということは、命題が真なら、実際がどうであるかを知ることである。

　　　　　（だから、命題が真であるかどうか、知らないまま、命題を理解することができる）

　　　　　命題の構成要素が理解されるなら、命題は理解される。

4.025　　ある言語を他の言語に翻訳することは、ある言語のそれぞれの*センテンス*を他の言語の*センテンス*に翻訳することによっておこなわれるのではない。センテンスの構成要素だけが翻訳されるのだ。

　　　　　（そして辞書は、名詞だけでなく、動詞、形容詞、接続詞なども翻訳している。辞書はそれらすべてを同じように扱っている）

4.026　単純な記号（単語）の意味を私たちが理解するためには、説明してもらう必要がある。
　　　　しかし命題によって私たちは理解しあっているのだ。

4.027　命題は私たちに*新しい*意味を伝えることができる。それは、命題のあり方にとって本質的なことである。

4.03　命題はこれまでの表現で新しい意味を伝えるしかない。
　　　　命題は私たちに状況を伝える。だから、命題は**本質的**に状況とつながっている必要がある。
　　　　そしてそのつながりとは、まさに、命題が状況の論理的な像であるということだ。
　　　　命題は、命題が像であるというかぎりにおいてのみ、なにかを述べている。

4.031　命題では、いわば状況が試しに組み立てられる。
　　　　まさに——「この命題はこれこれの意味をもっている」のかわりに——「この命題はこれこれの状況を描いている」と言うことができる。

4.0311　ある名前はある事物のかわりになり、別の名前は別の事物のかわりになり、それらの名前がおたが

いに結びついて、そうやって全体が──生きた像のように──事態をあらわしているのである。

4.0312　命題の可能性は、記号が対象の代理になるという原理にもとづいている。
　　　　私の根本的な考えは、「論理定項」は［対象の］代理にはならない、ということである。事実の*論理*には［記号による］代理はありえない、ということである。

4.032　命題は、命題が論理的に分節化されているかぎりにおいてのみ、状況の像である。
　　　　（»Ambulo«［私ハ歩ク］という［１語のラテン語の］命題も合成されている。というのも、この語幹に別の語尾をつけても、またこの語尾に別の語幹をつけても、別の意味になるのだから）

4.04　命題において区別できることと、その命題が描いている状況において区別できることとは、ちょうど同じであるにちがいない。
　　　　両者は、同じような論理的（数学的）多様性をもっているにちがいない。（ヘルツの『力学』と比較してほしい。動力学モデルについて）

4.041　この数学的多様性を、もちろん自力では写像

することはできない。写像するとき、この多様性から抜け出すことはできないのだ。

4.0411　かりに私たちが、たとえば、»(x).fx«で表現しているものを、»fx«の前に［Allgemeinheit（一般的であること）の］インデックスをつけて——たとえば»Alg.fx«のように——表現しようとしても、十分ではないだろう。——fかxのどちらが一般化されたのか、わからないだろう。かりに私たちが、それにインデックス»a«を添えて——たとえば»f(x_a)«のように——しめそうとしても、十分ではないだろう。——それでは一般化の範囲がわからないだろう。

　　　　かりに私たちが、項の位置にマーク»A«を導入して——たとえば

　　　　　　»(A, A).F(A, A)«

のように——しめそうとしても、十分ではないだろう。——それでは変項の同一性が確定できないだろう。などなど。

　　　　これらの表記の仕方はみんな十分ではない。なぜなら、どうしても必要な数学的多様性をもっていないからだ。

4.0412　それと同じ理由で十分でないのが、「空間メガネ」で空間関係を見るという観念論的な説明である。なぜなら、その説明では空間関係の多様性が説明でき

ないからだ。

4.05 現実は命題によってたとえられる。

4.06 命題は、命題が現実の像であることによってのみ、真か偽であることができる。

4.061 命題の意味は、事実であるかどうかに依存していない。このことに注意しないと、真と偽が、記号と、記号であらわされたものと関係が同じである、と簡単に思ってしまう。

そうなると、たとえば、»p«は、»〜 p«がまちがったやり方であらわしているものを、正しいやり方であらわしている、などなどと言ってしまうかもしれない。

4.062 これまでは正しい命題で理解しあってきたが、まちがった命題で理解しあうことはできないだろうか？　それがまちがっていると思われていることを、知ってさえいれば、だが。いや、できない！　というのも、命題が正しいのは、事態が、私たちがその命題で言っているような事態になっている場合である。そして私たちが»p«で、〜 pのことを意味するなら、そして事態が、私たちが意味しているような事態であるなら、»p«は、新しい解釈では真であって、偽では

ない。

4.0621 　ところで、記号》p《と記号》〜p《が同じことを言うことができる、ということは重要である。というのも、現実では記号》〜《に対応しているものがない、ということがしめされるからだ。

　　　　命題に否定が登場しても、その命題の意味のメルクマールにはならない（〜〜p＝p）。

　　　　命題》p《と命題》〜p《は正反対の意味をもっている。しかしこのふたつの命題に対応しているのは、まったく同じ現実である。

4.063 　真理概念を説明するためのイメージ。白い紙についている黒いしみ。しみの形を記述するには、平面上の各点について白か黒かを言えばいい。ある点が黒いという事実には、正の事実が対応し、——ある点が白い（黒くない）という事実には、負の事実が対応している。私が平面上の１点（フレーゲの真理値）を指させば、それは、判断のために立てられる仮定に対応している、などなど。

　　　　ところで、「ある点が黒いか、白いか」を言うことができるためには、まず私は、どういうときに点を黒だと言い、どういうときに点を白だと言うのか、知っている必要がある。「》p《は真である（または偽である）」と言うことができるためには、その前に私

は、どのような場合に私は»p«を真だと言うのか、決めておく必要がある。そうやって私は命題の意味を決めるのである。

さて、イメージによる比喩がつまずく地点がある。つまり紙なら、私たちは、なにが白で、なにが黒なのか、など知らなくても、点を指さすことができる。しかし意味のない命題には、対応するものがなにもない。というのも命題は、たとえば「真」または「偽」と呼べそうな特性をもった事物（真理値）をあらわしてはいないのだから。命題の動詞は、——フレーゲが信じていたように——「は真である」または「は偽である」ではない。そうではなく、「真である」ものが、命題の動詞をすでに含んでいる必要があるのだ。

4.064 どの命題も、**すでに**意味をもっている必要がある。命題を肯定しても、命題に意味をあたえることはできない。というのも、肯定するとは、まさに意味を肯定することなのだから。そして否定などについても、まったく同じことが言える。

4.0641 こう言えるかもしれない。否定は、否定される命題が決める論理的な場所に、すでに関係している。

否定する命題は、否定される命題とは**別**の論理的な場所を決める。

否定する命題が論理的な場所を決めるとき、

否定される命題の論理的な場所に助けてもらう。自分の論理的な場所を、否定される命題の論理的な場所の外側にあると記述するからだ。

　　　　　否定される命題をふたたび否定することができる。このことがすでにしめしているように、否定されるものは、すでに命題なのである。命題を準備するものなどではない。

4.1 　　　命題は、事態が現実にそうなっている・そうなっていない、ということを描いている。

4.11 　　　正しい命題たちの総体が、自然科学全体（または自然科学たちの総体）である。

4.111 　　哲学は、自然科学たちのうちのひとつではない。（「哲学」という言葉は、自然科学たちの上にあるものか、下にあるものかを意味しているにちがいない。自然科学たちと並んでいるものを意味しているはずがない）

4.112 　　哲学の目的は、考えを論理的にクリアにすることである。
　　　　　哲学は学説ではなく、活動である。
　　　　　哲学の仕事の核心は、説明することである。
　　　　　哲学の成果は、「哲学の命題」ではなく、命

題がクリアになることである。

　　　　哲学がするべきことは、ふだん、いわば濁っていてぼやけている考えを、クリアにして、境界をはっきりさせることである。

4.1121　　心理学は、ほかのどの自然科学より哲学と近い親戚であるわけではない。
　　　　認識論は、心理学の哲学である。
　　　　私のやっている記号言語の研究は、哲学者たちが論理の哲学にとってきわめて本質的だとみなしていた思考プロセスの研究に、当たるものではないだろうか？　もっとも哲学者たちはたいてい、本質的でない心理学的な研究に巻きこまれていたのだが、似たような危険は、私の方法にもある。

4.1122　　ダーウィンの理論は、哲学と関係がない。ほかのどの自然科学の仮説も、哲学とは関係がないが。

4.113　　哲学は、自然科学が異論を唱えることができる領域の、境界を決める。

4.114　　哲学のするべきことは、考えることのできるものの境界を決めると同時に、考えることのできないものの境界を決めることである。
　　　　哲学のするべきことは、考えることのできる

ものによって内側から、考えることのできないものを、境界の外に締めだすことである。

4.115　哲学は、言うことのできるものをクリアに描くことによって、言うことのできないものを指ししめすだろう。

4.116　およそ考えることのできるものは、すべてクリアに考えることができる。発言することのできるものは、すべてクリアに発言することができる。

4.12　命題は、現実全体を描くことができる。けれども描くことのできないものがある。それは、現実を描くことができるために、命題が現実と共有する必要のあるもの――つまり、論理形式である。
　　　論理形式を描くことができるためには、命題といっしょに私たちは、論理の外側に、つまり世界の外側に、立つことができなければならないだろう。

4.121　命題は、論理形式を描くことができない。論理形式は命題のなかに映っている。
　　　言語のなかに映っているものを、言語は描くことができない。
　　　言語のなかで*自分を*表に現わしているものを、*私たちは*言語を通しては表現することができない。

命題は、現実の論理形式を*しめす*。
命題は、現実の論理形式を提示する。

4.1211 　こうして命題»fa«がしめしているのは、この命題の意味に対象aが登場する、ということである。２つの命題、»fa«と»ga«がしめしているのは、両方の命題で話題になっているのが同じ対象aだ、ということである。
　　　　　　２つの命題が矛盾しているなら、２つの命題の構造がそのことをしめしている。一方の命題が他方の命題から生まれているなら、同様に命題がそのことをしめしている。などなどである。

4.1212 　しめされ*うる*ものは、言われ*え*ない。

4.1213 　こうしていま、私たちは、ともかくすべてが私たちの記号言語においてうまくいってさえいれば、「適切な論理的理解をしているんだ」という気になってしまうことも、理解するのである。

4.122 　ある意味で私たちは、対象や事態の形式的な特性のことについて、または事実の構造の特性について語ることができる。そして同じ意味で私たちは、形式的な関係や構造の関係について語ることができる。
　　　　　　（構造の特性のかわりに、私は「内的な特

性」とも言う。構造の関係のかわりに、「内的な関係」とも言う。

　　　　私がこういう表現を使うのは、哲学者たちが内的な関係と本来の（外的な）関係をひんぱんに混同している理由を、はっきりしめしたいからだ）

　　　　そのような内的な特性や関係があることは、命題が主張できることではない。そういうことは、そういう事態を描いたり、そういう対象を扱っている命題において、しめされるものである。

4.1221　　事実の内的な特性のことを、私たちは事実の表情と呼ぶこともできる。（たとえば顔の表情と言う意味において）

4.123　　ある対象がある特性をもっていないとは考えられないとき、その特性は内的である。

　　　　（この青い色とあの青い色は、おのずから、より明るい・より暗いという内的な関係にある。**これ**らふたつの対象が状況にないとは考えられない）

　　　　（ここでは、単語「特性」と単語「関係」の使い方が揺れていることに対応して、単語「対象」の使い方が揺れている）

4.124　　可能な状況で内的な関係があるということは、命題によって表現されない。そのことは、その状況を

描いている命題において、その命題の内的な特性によって表現されるのだ。

　　　　　命題に形式的な特性を認めるのは、命題に形式的な特性を認めないことと同様に、ノンセンスなことだろう。

4.1241　「この形式にはこの特性があり、別の形式にはあの特性がある」と言うことによって、形式を区別することはできない。というのもそれは、「ふたつの形式のふたつの特性を述べることには、意味がある」などということを前提にしているのだから。

4.125　　可能な状況たちのあいだに内的な関係があるということが、言語的に表現されるのは、その状況を描いている命題たちのあいだにある内的な関係によってである。

4.1251　　ここで、「すべての関係は、内的なのか、外的なのか」という争点に片がつけられる。

4.1252　　*内的な*関係によって並べられた列を、私は形式列と呼ぶ。
　　　　　数列は、外的な関係ではなく、内的な関係によって並べられている。
　　　　　つぎの命題の列も同様である。

》aRb《,
》(∃x): aRx. xRb《,
》(∃x, y): aRx. xRy. yRb《,
以下同様。

（aとbの関係がこれらの関係のうちどれかであるとき、私はbをaの後継者と呼ぶ）

4.126　形式的な特性のことを話すのと同じ意味で、これから私たちは形式的な概念についても語ることができる。

（私がこういう表現を使うのは、形式的な概念と本来の概念との混同が、これまでの論理学では例外なく見られるので、その混同の理由を明らかにしたいからだ）

なにかが、ある形式的な概念にあてはまる対象になっているということは、命題が表現できることではない。そのことは、その対象の記号そのものにおいてしめされるのだ。（名前がしめしていることは、名前が対象の記号になっている、ということである。数字がしめしていることは、数字が数の記号になっている、ということである、など）

形式的な概念は、じっさい、本来の概念とちがって、関数であらわすことができない。

というのも、形式的な概念のメルクマールは、つまり形式的な特性は、関数によっては表現されない

論理哲学論考   55

のだから。

　　　　　　形式的な特性の表現は、ある種のシンボルの表情である。

　　　　　　だから、形式的な概念のメルクマールの記号とは、その概念にあてはまる意味をもつシンボルすべてにとって、特徴となる表情なのだ。

　　　　　　形式的な概念の表現とは、だから、命題変項なのである。命題変項では、この特徴となる表情だけが定項である。

4.127　　命題変項は、形式的な概念をあらわし、命題変項の値は、その概念にあてはまる対象をあらわす。

4.1271　どの変項も、形式的な概念の記号である。
　　　　　　というのも、どの変項も、そのすべての値がもっている固定した形式をあらわしているからであり、またその形式を、その値たちの形式的な特性とみなすことができるからだ。

4.1272　こうして名前の変項»x«が、*対象*という疑似概念の本来の記号となる。

　　　　　　「対象」(「もの」、「こと」など)という単語が正しく使われているかぎり、その単語は、概念記法では、名前の変項によって表現される。

　　　　　　たとえば「……という２つの対象がある」と

いう命題では、》($\exists$x. y)……≪によって。

　「対象」という単語が、別な具合に、つまり本来の概念語として使われるかぎり、ノンセンスな疑似命題が生まれる。

　こうして、たとえば「本がある」と言うようには、「対象がある」と言うことはできない。そして同様に、「100個の対象がある」とか、「$\aleph_0$個の対象がある」［$\aleph_0$は自然数レベルの無限をあらわす記号］などとも言うことはできない。

　また、**すべての対象の数**について話すことは、ノンセンスである。

　同じことは、「複合体」や「事実」や「関数」や「数」などの単語についてもあてはまる。

　それらの単語はすべて、形式的な概念の記号であり、概念記法では、変項によってあらわされるのであって、関数やクラスによってはあらわされない。（フレーゲとラッセルは、あらわすことができると信じていたが）

　「1は数である」や「1つしかゼロは存在しない」という表現や、それに類するものはすべて、ノンセンスである。

　（「2＋2は、3時ちょうどには4に等しい」と言うことがノンセンスであるのと同様に、「1つしか1は存在しない」と言うこともノンセンスなのだ）

4.12721　形式的な概念は、それにあてはまる概念といっしょに、すでにあたえられている。だから、形式的な概念の対象と形式的な概念そのものとを*同時に*、基本概念として導入することはできない。だから、たとえば（ラッセルのように）関数の概念と特殊な関数とをいっしょに、基本概念として導入することはできない。または、数の概念と特定の数とを、基本概念として導入することもできない。

4.1273　「bはaの後継者である」という一般的な命題を概念記法で表現しようとするなら、そのために私たちは、つぎの形式列の一般項をあらわす表現が必要になる。

$$aRb,$$
$$(\exists x): aRx. xRb,$$
$$(\exists x, y): aRx. xRy. yRb,$$
$$\ldots\ldots$$

形式列の一般項を表現できるのは、変項だけである。というのも、「この形式列の項」という概念が、*形式的な*概念だから。（このことをフレーゲとラッセルは見落としていた。ふたりが一般的な命題を上記のように表現しようとするやり方は、だから、まちがっている。そのやり方には悪循環がある）

　　私たちは、初項と、演算の一般形式とをしめすことによって、形式列の一般項を決めることができ

る。つぎの項は、先行命題から演算によって生み出される。

4.1274　形式的な概念の存在を問うことは、ノンセンスである。というのも、どんな命題もそのような問いには答えることができないのだから。
　　　　（だから、たとえば、「分析することのできない主語・述語命題は、存在するのか」と問うことはできない）

4.128　論理形式に数は*登場しない*。
　　　　そういうわけだから論理には、特別扱いされる数はなく、また、そういうわけだから哲学的な一元論や二元論などもない。

4.2　命題の意味とは、事態が現実にそうなっている・なっていないの可能性と、命題が一致する・一致しないということである。

4.21　いちばん単純な命題、つまり要素命題は、ある事態が現実にそうなっている、ということを主張している。

4.211　要素命題の目印は、その要素命題と矛盾するような要素命題はない、ということである。

4.22　　　要素命題は、名前たちからなっている。名前たちのつながりであり、名前たちを鎖でつないだものである。

4.221　　　明らかなことだが、私たちが命題を分析すれば、かならず要素命題にたどり着くことになる。その要素命題は、直接に結びついている名前たちからなっている。
　　　　　ここで問題になるのは、命題と命題がどうやって結びつくのか、ということである。

4.2211　　たとえ世界がかぎりなく複合的であり、その結果、どの事実もかぎりなく多くの事態からなりたっていて、その事態もかぎりなく多くの対象で組み合わされているとしても、その場合にも、対象たちや事態たちが存在しているにちがいないのではないか。

4.23　　　名前が命題に登場するのは、要素命題とつながっている場合だけである。

4.24　　　名前は、単純なシンボルである。私はそれを、個々の文字（»x«、»y«、»z«）であらわす。
　　　　　要素命題を私は、名前の関数として、»fx«、»φ(x, y)«などの形式で書く。

または、p、q、rという文字であらわす。

4.241　　私が2つの記号をまったく同一の意味で使うとき、私はそのことを、2つの記号のあいだに》=《を置くことによって表現する。

　　　　だから、》a＝b《は、「記号》a《は、記号》b《に置き換えることができる」ということになる。

　　　　（私が、等式によって新しい記号》b《を導入して、「新しい記号》b《は、既知の記号》a《に置き換えることができるものとする」と決めるとき、私はその等式——定義［Definition］——を、（ラッセルのように）》a＝b　Def.《という形式で書く。定義とは、記号を使うルールのことである）

4.242　　だから、》a＝b《という形式の表現は、描写の補助にすぎない。その表現は、記号》a《や》b《の意味についてなにも述べていない。

4.243　　私たちは、2つの名前が同じものをあらわしているのか、それとも異なったものをあらわしているのか、知らないまま、2つの名前を理解することができるだろうか？——私たちは、2つの名前が同じことをあらわしているのか、それとも異なったことをあらわしているのか、知らないまま、2つの名前が登場する1つの命題を理解することができるだろうか？

　　　　　私が、たとえば、ある英語の単語の意味を知っていて、また、それと同じことを指しているドイツ語の単語の意味を知っている場合、その２つの単語の意味が同じであることを、私が知らないなどとは、考えられない。その２つの単語を一方からもう一方へ翻訳できないなどとは、考えられない。

　　　　　≫a＝a≪のような表現、または、そういう表現から導かれた表現は、要素命題でもなければ、要素命題以外の意味をもった記号でもない。（このことは、後で明らかになるだろう）

4.25　　　要素命題が真なら、それが描いている事態になっている。要素命題が偽なら、それが描いている事態になっていない。

4.26　　　真の要素命題を全部並べることによって、世界は完全に記述される。世界が完全に記述されているのは、要素命題を全部並べたうえに、要素命題たちのうち、どれが真で、どれが偽であるかを報告しているからだ。

4.27　　　n個の事態が現実になっているか・なっていないかについては、$K_n = \sum_{\nu=0}^{n} \binom{n}{\nu}$ 通りの可能性がある。
　　　　　事態たちには、あらゆる組み合わせが可能だが、それ以外の組み合わせは、可能ではない。

4.28 それらの組み合わせに対応して、それらと同じ数の可能性があるのが、n個の要素命題についての真——と偽——である。

4.3 要素命題が真である可能性は、事態が現実になっているか・なっていないかの可能性のことを、意味している。

4.31 真であることの可能性を私たちは、つぎのような図表であらわすことができる。(»W«は「真(wahr)」を意味し、»F«は「偽(falsch)」を意味する。要素命題の行の下にある、»W«と»F«の行は、わかりやすいシンボルで要素命題の真理可能性を意味している)

p	q	r
W	W	W
F	W	W
W	F	W
W	W	F
F	F	W
F	W	F
W	F	F
F	F	F

p	q
W	W
F	W
W	F
F	F

p
W
F

4.4　　　　命題とは、要素命題たちが真である可能性との、一致・不一致の表現である。

4.41　　　　要素命題が真である可能性が、命題の真偽の条件である。

4.411　　　最初からそうだろうと思えることだが、要素命題の導入は、ほかのすべての種類の命題を理解するための基礎になる。たしかに*感じることができる*のだが、一般的な命題の理解は、要素命題の理解に依存している。

4.42　　　　ある命題が、n個の要素命題が真である可能性と一致するか・一致しないかについては、
$\sum_{\kappa=0}^{K_n} \binom{K_n}{k} = L_n$ 通りの可能性がある。

4.43　　　　真である可能性と一致するなら、私たちはそれを、図表に、たとえば»W«のイニシャルを添えることで、表現することができる。
　　　　　　このイニシャルがないなら、一致していないということだ。

4.431　　　要素命題たちが真である可能性との、一致・不一致の表現は、命題が真であるための条件を、表現している。

　　　　　　命題は、真であるための条件を表現したものである。
　　　　　（というわけでフレーゲが、真であるための条件を、自分の概念記法の記号の説明として、前置きしたことは、じつに正しい。ただし、真であることの概念の説明をフレーゲは間違えている。つまり、もしもかりに「真」と「偽」が、対象であり、〜pなどにおける項であるなら、フレーゲの決め方では、»〜p«の意味は絶対に決まっていないだろう）

4.44　　　　真である可能性にあのイニシャル»W«を添えて生まれる記号が、命題記号である。

4.441　　　明らかなことだが、記号»F«と記号»W«の複合体には、どんな対象も（または対象の複合体も）対応していない。ちょうど、垂直線と水平線にも、または括弧にも、対象が対応していないように。──「論理的な対象」というものは存在しない。
　　　　　これと似たようなことは、もちろん、»W«と»F«の図式と同じことを表現している記号すべてについて言える。

4.442　　　たとえば

	p	q	
	W	W	W
»	F	W	W	«
	W	F	
	F	F	W

は、命題記号である。

　（フレーゲの「判断線」»⊢«は、論理的にはまったく指示対象がない。フレーゲ（とラッセル）はこの判断線によって、ただ、その記号をつけた命題を著者が真だと見なしているということを、告げているにすぎない。というわけで»⊢«は、たとえば命題の番号と同様に、複合命題の一部ではない。命題は、自分自身について、自分は真である、などと述べることはできないのだ）

　　図表で、真である可能性の行の並び方が、組み合わせのルールによってしっかり確定されているなら、最終列だけでもう、真であるための条件の表現になっている。その最終列を行として書くなら、命題記号はつぎのようになる。

　　　»(WW-W)(p, q)«

または、もっとはっきり書けば、こうなる。

　　　»(WWFW)(p, q)«

　（左側の括弧のなかの項の座の数は、右側の

括弧のなかの項の数によって、決められている）

4.45　　　　n個の要素命題にたいして、真であるための条件の可能なグループはL_n個ある。
　　　　　　真であるための条件のグループで、一定数の要素命題が真である可能性があるような条件のグループは、１列に並べることができる。

4.46　　　　真であるための条件の、可能なグループたちのなかには、極端な例が２つある。
　　　　　　その１つの例では、要素命題が真となるすべての可能性にたいして、命題が真である。その場合、私たちは、真である条件は**トートロジー**である、と言う。
　　　　　　２番目の例では、要素命題が真となるすべての可能性にたいして、命題が偽である。その場合、真である条件は**矛盾している**。
　　　　　　最初の例では、私たちはその命題をトートロジーと呼ぶ。２番目の例では、その命題を矛盾と呼ぶ。

4.461　　　命題がしめすのは、命題の言っていることである。トートロジーと矛盾がしめすのは、両方ともなにも言っていないということである。
　　　　　　トートロジーには、真であるための条件がない。というのも、トートロジーは無条件に真なのだか

ある命題は、記号の結合なんかではありえない。というのも、そんなことがありえるなら、それらの命題に対応できるのは、対象たちの特定の結合だけだろうから。

　　　　（そして、論理的結合に対応しないような、対象たちの結合も**ない**）

　　　　トートロジーと矛盾は、記号結合の境界例である。つまり、記号結合が解消することである。

4.4661　　もちろんトートロジーと矛盾においても、記号はおたがいに結合している。つまり、おたがいに関係しあっている。けれどもその関係は、無意味なものであり、**シンボル**にとって重要なものではない。

4.5　　　　さてこうして、もっとも一般的な命題形式を提示することが可能であるように思われる。つまり、命題の記述を、**なんらかの**記号言語にゆだねることができるのではないか。その場合、名前の意味がふさわしく選ばれるなら、可能な意味はすべて、その記述にふさわしいシンボルによって表現できるようになり、また、その記述にふさわしいシンボルはすべて、意味を表現することができるようになるのである。

　　　　明らかなことだが、もっとも一般的な命題形式を記述する場合、記述してもよいのは、その本質**だけ**である。──そうでなければ、その形式は、もっと

も一般的なものではないだろう。

　　　　　　一般的な命題形式が存在する。このことは、以下のこと——つまり、予見する（つまり構成する）ことができなかったような形式をもった命題は存在してはならないということ——によって証明される。命題の一般的な形式は、「これこれの事態である」である。

4.51　　　私にすべての要素命題があたえられている、と仮定しよう。すると当然、こういうことが問題になる。「どんな命題を私は、すべての要素命題から作ることができるのか？」。そしてこれが、**すべての命題**であり、**それが**、すべての命題の境界である。

4.52　　　命題は、すべての要素命題の総体から（もちろん、それが**すべての要素命題の総体**である、ということからも）導かれるもの、のすべてである。（そういうわけだから、ある意味ではこう言うことができるかもしれない。**すべての命題は、要素命題を一般化し**たものである、と）

4.53　　　一般的な命題形式は、変項である。

5　　　　命題は、要素命題の真理関数である。
　　　　　（要素命題は、それ自身の真理関数である）

5.01 要素命題は、命題の真理項である。

5.02 関数の項と名前のインデックスとが混同されてしまうのは、無理もない。なにしろ私は、項を手がかりにしたり、インデックスを手がかりにしたりして、項やインデックスを含んでいる記号の意味を識別するのだから。

たとえばラッセルの》+c《では、》c《がインデックスである。このインデックスは、》+c《という記号全体が、基数にたいする加算記号である、ということをしめしている。しかしこの表記は、任意の取り決めにもとづいているので、》+c《のかわりに単純な記号を選ぶこともできるだろう。ところで》〜p《の場合、》p《はインデックスではなく、項である。》〜p《の意味は、先に》p《の意味が理解されていなかったなら、理解することができない。(ユリウス・カエサルという名前では、「ユリウス」がインデックスである。インデックスというのはいつも、その名前に私たちがインデックスをくっつける対象の、記述の一部なのだ。たとえば、ユリウス家の*そのカエサル*、のように)

項とインデックスの混同が、私の勘違いでなければ、命題と関数の指示対象にかんするフレーゲの理論の基礎になっている。フレーゲにとって論理の命題は名前であり、その命題の項が、その名前のイン

デックスだったのだ。

5.1 　　　真理関数は、列として並べることができる。
これが確率論の基礎である。

5.101 　　要素命題の数がどんなにあっても、その真理
関数は、つぎのような図表で書き出すことができる。

(WWWW)(p, q) 　トートロジー（pならp、かつ、q
ならq）。(p⊃p. q⊃q)
(FWWW)(p, q) 　言葉では、pかつq、ではない。(~
(p. q))
(WFWW)(p, q) 　言葉では、qならp。(q⊃p)
(WWFW)(p, q) 　言葉では、pならq。(p⊃q)
(WWWF)(p, q) 　言葉では、pまたはq。(p∨q)
(FFWW)(p, q) 　言葉では、qでない。(~q)
(FWFW)(p, q) 　言葉では、pでない。(~p)
(FWWF)(p, q) 　言葉では、p か q の一方だけ。
(p.~q : ∨ : q.~p)
(WFFW)(p, q) 　言葉では、pならq、かつ、qならp。
(p≡q)
(WFWF)(p, q) 　言葉では、p
(WWFF)(p, q) 　言葉では、q
(FFFW)(p, q) 　言葉では、pでもqでもない。
(~p.~q) または (p | q)

(FFWF)(p, q)　言葉では、pであり、かつ、qでない。(p.～q)
(FWFF)(p, q)　言葉では、qであり、かつ、pでない。(q.～p)
(WFFF)(p, q)　言葉では、qかつp。(q. p)
(FFFF)(p, q)　矛盾（pであってpでない。かつ、qであってqでない）。(p.～p. q.～q)

　　　　　真理項が真である可能性のうち、命題を真にするものを、私は、その命題の「*真である根拠*」、と呼ぶことにする。

5.11　　いくつかの数の命題に共通する「真である根拠」が、すべて集まって、ある特定の命題の「真である根拠」にもなっているとき、私たちは、「後者の命題が真であることは、前者の命題たちが真であることから、導かれている」と言う。

5.12　　とくに、命題》q《の「真である根拠」のすべてが命題》p《の「真である根拠」である場合、命題》p《が真であることは、命題》q《が真であることから、導かれている。

5.121　　一方が「真である根拠」は、他方が「真である根拠」に含まれている。とすると、p は qから導か

5.122　　p が q から導かれるなら、»p« の意味は »q« の意味に含まれている。

5.123　　どこかの神が、いくつかの命題が真である世界を創造すれば、それと同時にその神は、それらの命題から導かれる命題が正しい世界も、創っているのだ。そして同様にその神は、命題»p«にかかわるすべての対象を創りもしないで、命題»p«が真である世界を創ることなどできないだろう。

5.124　　命題は、その命題から導かれるすべての命題を肯定する。

5.1241　　»p.q«は、»p«を肯定する命題のひとつであり、同時に、»q«を肯定する命題のひとつである。
　　　　ふたつの命題は、そのふたつの命題を肯定する有意味な命題が存在しないとき、おたがいに対立している。
　　　　別の命題に矛盾している命題はすべて、その別の命題を否定する。

5.13　　ある命題が真であることは、別の命題たちが真であることから、導かれる。そのことを私たちは、

その別の命題たちの構造から見て取る。

5.131 　　　ある命題が真であることが、別の命題たちが真であることから、導かれるとき、そのことは、命題たちの形式が関係しあっている関係によって、表現される。しかも私たちはそれらの形式を、ひとつの命題において結びあわせることによって、まず最初の関係に組み込んだりする必要はない。それらの関係は内的なものである。そして、命題たちが成立するやいなや、命題たちが成立していることによって、それらの関係は成立しているのだ。

5.1311 　　　私たちが p∨qと～pからqを推論するとき、ここでは表記法のせいで、命題形式》p∨q《と命題形式》～p《との関係が隠されている。しかし、たとえば》p∨q《のかわりに》 p | q. | .p | q 《と書き、》～p《のかわりに》 p | p 《と書くなら（p | q =「pでもなければqでもない」）、内的なつながりは明らかになるだろう。

　　　　　((x).fxからfaを推論することができる。このことは、「一般的であること」がシンボル》(x).fx《にもそなわっている、ということをしめしている）

5.132 　　p が q から導かれるなら、私は q から p を推論することができる。p を q から導くことができる。

推論の仕方を読み取ることができるのは、ふたつの命題［pとq］からだけである。
　　　　　　このふたつの命題だけが、推論を正当化することができる。
　　　　　　「推論法則」は、——フレーゲやラッセルがやったように——推論を正当化するものとして考えられたものだが、無意味である。そういうものは、余計だろう。

5.133　　　導くことはすべて、アプリオリに起きる。

5.134　　　要素命題から別の要素命題を導くことはできない。

5.135　　　なんらかの状況になっていることから、それとはまるで異なった状況になっていることを推論することは、どんな仕方でもできない。

5.136　　　そういう推論を正当化するような因果連鎖は、存在しない。

5.1361　　未来の出来事を、私たちは現在の出来事から推測することは*できない*。
　　　　　　因果連鎖を信じることが、**迷信**というものなのだ。

5.1362　　　意思の自由は、未来の行為をいま知ることができないという点にある。もしもかりに因果関係が、論理的な推論が必然的であるように、*内的な*必然であるなら、そういう場合にだけ私たちは、未来の行為を知ることができるかもしれない。──「知ること」と「知られたこと」とのつながりは、論理的な必然である。

　　　　　　（pがトートロジーであるとき、「pということになっているということを、Aは知っている」は無意味である）

5.1363　　　ある命題に私たちが納得したからといって、その命題が真であることが*導かれ*ないなら、納得することは、その命題が真であることを私たちが信じることを正当化するものではない。

5.14　　　　ある命題が別の命題から導かれるとき、後者が言っていることは前者より多く、前者が言っていることは後者より少ない。

5.141　　　p が q から導かれ、q が p から導かれるなら、p と q は、まったく同じ命題である。

5.142　　　トートロジーは、どんな命題からでも導かれ

る。トートロジーは、なにも言っていない。

5.143　矛盾とは、*どの命題もほかの命題と共有していない*、命題たちの共有物である。トートロジーとは、おたがいになにひとつ共有していない、すべての命題の共有物である。

　　　　　矛盾は、いわば、すべての命題の外側で消え、トートロジーは、すべての命題の内側で消える。

　　　　　矛盾は、命題たちの外側の境界であり、トートロジーは、命題たちの実体のない中心である。

5.15　　W$_r$が、命題》r《の「真である根拠」の数であり、W$_{rs}$が、命題》s《の「真である根拠」のうち、同時に命題》r《の「真である根拠」でもあるものの数であるとき、私たちは、比W$_{rs}$：W$_r$のことを、命題》r《のもとでの命題》s《の*確率*の度合いと呼ぶ。

5.151　　先に出てきた5.101のような図表で、W$_r$を、命題rの》W《［真］の数とし、W$_{rs}$を、命題sでの》W《のうち、命題rも同じ列で》W《になっているものの数としよう。そのとき、命題rのもとでの命題sの確率は、W$_{rs}$：W$_r$である。

5.1511　　確率命題に固有の、特別な対象は存在しない。

5.152 　　　　真理項をたがいに共有していない命題のことを、おたがいに依存していない、と私たちは言う。
　　　　２つの要素命題は、おたがいに相手の要素命題のもとでの確率が1/2である。
　　　　p が q から導かれるなら、命題»q«のもとでの命題»p«の確率は１である。論理的な推論が確実であることは、確率の境界例である。
（矛盾とトートロジーへの適用）

5.153 　　　　命題は、それ自体では、確からしいわけでも、確からしくないわけでもない。出来事は、起きるか、起きないかであり、その中間は存在しない。

5.154 　　　　壺のなかに同じ数の白い玉と黒い玉が入っている（ほかにはなにも入っていない）としよう。私は玉をひとつずつ取り出しては、また壺のなかに戻す。その実験によって私は確認することができる。壺から取り出した白い玉の数と黒い玉の数は、取り出しつづけているうちに接近してくるのだ。
　　　　だから、このことは、数学的な事実ではない。
　　　　そこで、「私が白い玉と黒い玉を取り出すのは、同じ確率である」と、私が言うなら、それはこういうことになる。「私の知っているすべての事情（仮説である自然法則も含めて）のときには、ある出来事が起きる確率は、ほかの出来事が起きる確率**より大き**

くない」。つまり、その事情のときには——先に説明したことから簡単にわかることだが——、どちらの確率も1/2になる。

この実験で私は確認する。このふたつの出来事が起きることは、私があまりよく知らない事情には、依存していないのだ。

5.155 確率命題のパターンは、つぎのようになる。「その事情のときに——私はそれ以上のことは知らないのだが——、ある特定の出来事が起きる確率は、これこれの程度である」

5.156 というわけで確率とは、一般化のことなのだ。
確率は、命題形式の一般的な記述を含んでいる。

確実性が欠けているときにだけ、私たちは確率を使う。——つまり私たちが、事実を完全には知らないけれど、しかし事実の形式については**なにか**を知っている場合にだけ。

（命題は、ある状況の不完全な像であるかもしれないが、**それでも**像としてはいつも完全である）

確率命題は、いわばほかの命題たちからの抜粋である。

5.2 命題たちの構造たちは、内的に関係しあって

いる。

5.21　　　私たちはその内的な関係を、私たちの表現方法ではつぎのようにして浮かび上がらせることができる。つまり、ある命題をほかの命題たち（演算のベース）から取り出す演算の結果として、その命題を描写することによって、浮かび上がらせることができるのだ。

5.22　　　演算は、演算の結果の構造と、演算のベースの構造との関係を表現するものである。

5.23　　　演算は、ある命題から他の命題を作るために、その命題に施される必要のあるものである。

5.231　　そしてそのことは、もちろん、その命題たちの形式的な特性に、その命題たちの形式の内的な類似に、依存するだろう。

5.232　　列に秩序をあたえている内的な関係は、項が別の項から生まれる演算に等しい。

5.233　　論理的に意味のあるやり方で命題が他の命題から生まれるところではじめて、演算は登場することができる。つまり、命題の論理的な構成が始まるところではじめて。

5.234　　　　要素命題の真理関数は、要素命題をベースとしてもっている演算の、結果である。(私はこの演算を、真理演算と呼ぶ)

5.2341　　　pの真理関数の意味は、pの意味の関数である。否定,論理和,論理積などなどは、演算である。(否定は、命題の意味を逆にする)

5.24　　　　演算は、変項において自分をしめす。演算がしめすのは、どのようにしてある命題形式から別の命題形式へたどり着くことができるのか、である。
　　　　演算は、形式たちの違いを表現する。
　　　　(そして、演算のベースと演算の結果の共通点は、まさにベースなのである)

5.241　　　演算は、形式に目印をつけているのではなく、形式の違いに目印をつけているだけである。

5.242　　　»p«から»q«を作るのと同じ演算が、»q«から»r«を作る。以下、同様に。このことが表現されているのは、つぎの点においてでしかない。つまり、なんらかの形式的な関係を一般的に表現する»p«、»q«、»r«などは、変項である、という点においてでしかない。

5.25　　　演算がおこなわれているからといって、それが、命題の意味の、特徴になるわけではない。
　　　　　　演算は、なにも述べていないからだ。演算の結果だけが、述べている。このことは、演算のベースに依存している。
　　　　（演算と関数を混同してはならない）

5.251　　　関数は、関数自身の項であることはできない。しかしながら演算の結果が、演算のベースになることはできる。

5.252　　　そうやったときにだけ可能なのが、ある形式列で項から項へ（ラッセルとホワイトヘッドの階型ではタイプからタイプへ）進んでいくことである。（ラッセルとホワイトヘッドは、そうやって進んでいくことの可能性を認めなかったけれども、くり返しそれを利用していた）

5.2521　　　演算をその演算の結果につづけて適用することを、私は反復適用と呼んでいる（»O'O'O'a«は、»a«に»O'ξ«を3回、反復適用した結果である）。
　　　　　　似たような意味で私は、いくつかの命題にたいして*何回か*演算を反復適用する、ということを言っている。

5.2522　形式列a, O'a, O'O'a,……の一般項を、したがって私は、»[a, x, O'x]«のように書く。この括弧の表現は、変項である。括弧の表現の１番目の項は、形式列の初めであり、２番目の項は、列の任意の項xの形式であり、３番目の項は、列で項xのすぐ後につづく項の形式である。

5.2523　演算の反復適用という概念は、「以下、同様に」という概念に等しい。

5.253　演算は、別の演算の効果を取り消すことができる。演算は、演算どうしで相殺することができる。

5.254　演算は、消えることもできる（たとえば、»～～ p«での否定。つまり～～ p＝pなのだ）。

5.3　すべての命題は、要素命題に真理演算をおこなった結果である。

　　　真理演算は、要素命題から真理関数が生まれるやり方である。

　　　真理演算のあり方からすれば、要素命題からその真理関数が生まれるのと同じやり方で、真理関数から新しい真理関数が生まれる。どんな真理演算でも、要素命題の真理関数から、ふたたび要素命題の真理関数、つまり命題を生み出す。要素命題に真理演算をお

こなった結果に、どんな真理演算をおこなっても、その結果は、ふたたび要素命題にひとつの真理演算をおこなった結果である。

どんな命題も、要素命題に真理演算をおこなった結果である。

5.31　　4.31の図表は、»p«、»q«、»r«などが要素命題でないときでも、意味をもっている。

そしてこれは簡単にわかることだが、4.442の命題記号は、»p«と»q«が要素命題の真理関数であっても、要素命題のひとつの真理関数を表現している。

5.32　　すべての真理関数は、要素命題に有限回の真理演算を反復適用した結果である。

5.4　　ここではっきりするのだが、「論理的な対象」、「論理定項」（フレーゲやラッセルの意味での）は存在しない。

5.41　　というのも、真理関数が、要素命題の真理関数とまったく同じなら、真理関数に真理演算をおこなっても、すべての結果は同一なのだから。

5.42　　∨やつなどが、左右などの意味での関係ではない、ということは納得できる。

　　　　　フレーゲの論理的「原始記号」とラッセルの論理的「原始記号」は、おたがいに逆方向から定義できる。このことがすでに、両方とも原始記号ではない、ということをしめしている。それどころか、両方とも関係をあらわしていない、ということをしめしている。

　　　　　そして明らかなことだが、私たちが»～«と»∨«で定義する»⊃«は、私たちが»∨«を»～«で定義するときに使う»⊃«と同一である。また、後者の»∨«は前者の»∨«と同一である。などなど。

5.43　　　１つの事実 p から*別の*事実が、たとえば～～p、～～～～pなどが、無限にたくさん導かれるべきだ、ということは最初からほとんど信じられない。また、論理学（数学）の無限個の命題が、半ダースの「基本法則」から導かれるということも、それに負けず奇妙な話である。

　　　　　ところで論理学ではすべての命題が、同じことを言っている。つまり、なにも言っていない。

5.44　　　真理関数は、実質的な関数ではない。

　　　　　たとえば肯定を二重否定によって生み出すことができるなら、その否定は──ある意味では──肯定に含まれているのだろうか？　»～～p«は、～pを否定しているのだろうか、それともpを肯定しているのだろうか、それともその両方なのだろうか？

命題》〜〜 p《は、対象を扱うように否定を扱っているわけではない。だがしかし否定の可能性は、肯定のなかにすでに先取りされている。

もしもかりに、》〜《という対象が存在するのなら、》〜〜 p《は、》p《とは別のことを言っているにちがいないだろう。というのもその場合、一方の命題》〜〜 p《は、まさに〜を扱っているだろうけれど、もう一方の命題》p《は、〜を扱っていないだろうから。

5.441　　見かけの論理定項がこうやって消えることは、》〜(∃x).〜 fx《が》(x).fx《と同じことを言っている場合や、》(∃x).fx. x = a《が》fa《と同じことを言っている場合にも、見られる。

5.442　　ある命題が私たちにあたえられているときには、その命題をベースにもつ真理演算のすべての結果も、すでに*いっしょに*あたえられている。

5.45　　論理的原始記号が存在するときには、正しい論理学が、論理的原始記号たちのおたがいの立場をクリアにして、論理的原始記号たちの存在を正当化するにちがいない。論理的原始記号たちから**できている**論理の構造が、クリアになるにちがいない。

5.451　　論理学にいくつかの基本概念があるときには、

それらはおたがいに独立している必要がある。ある基本概念が導入されているときには、その基本概念は、それが登場するあらゆる記号結合のなかに、導入されている必要がある。だから、その基本概念を、まずひとつの記号結合のために導入し、それからまた別の記号結合のために導入する、ということはできない。たとえば、否定が導入されているときには、私たちは、»〜p《という形式の命題の場合とまったく同じように、»〜(p∨q)《や»(∃x).〜 fx《などの形式の命題の場合にも、その否定を理解する必要がある。否定を、まずひとつのクラスのケースのために導入し、それからまた別のクラスのケースのために導入する、ということは禁じられている。というのも、そんなことをすれば、否定の意味が両方のケースで同じであるかどうか、疑わしいままだろうから。また、両方のケースで同じ種類の記号結合を使う理由がなくなるだろうから。

　（要するに、フレーゲ（『算術の基本法則』）が定義による記号の導入について言ったことは、必要な変更を加えれば、そのまま、原始記号の導入についても当てはまるのだ）

5.452　　　論理学のシンボル体系に新しい便法を導入すると、いつもかならずひどい結果になってしまう。論理学に新しい便法を——いわば、なに食わぬ顔をして——括弧や脚注で導入してはならない。

　　　　　（そんなふうにしてラッセルとホワイトヘッドの『プリンキピア・マテマティカ』に登場しているのが、言葉での定義と基本法則である。なぜここで突然、言葉なのか？　それには正当化が必要だろう。だが正当化はない。あるはずがない。なにしろその手の便法は実際、許されるものではないからだ）

　　　ところで、ある場所で新しい便法の導入がどうしても必要だとわかった場合には、すぐに考える必要のあることがある。「さて、どこでこの便法はいつも用いられる必要があるのか？」。さあ、論理学におけるこの便法の立場を説明しなければ。

5.453　　　論理に登場するすべての数は、正当化可能である必要がある。

　　　あるいはむしろ、明らかにされる必要があるのは、論理には数というものが存在しない、ということである。

　　　特別扱いされるような数は存在しない。

5.454　　　論理には、横並びのものはない。分類はありえない。

　　　論理には、より一般的なものも、より特殊なものも、ありえない。

5.4541　　論理学の問題の解決策は、単純であることが

必要である。というのも、その解決策たちが、単純であることのスタンダードを設定するのだから。

　　　　　人びとは、問いの領域というものが存在しているにちがいない、という予感をいつももっていた。その領域では、問いの答えが——アプリオリに——シンメトリーに並んでいて、おまけにそれらがひとつの規則的で、完結した構造物になっているのだ、と。

　　　　　その領域では、「単純であることが真理のしるし」という命題が当てはまる。

5.46　　　もしもかりに論理記号を正しく導入したとすると、そのときにはそれと同時に、その論理記号のすべての組み合わせの意味も導入してしまっていることになるだろう。つまり、≫p∨q≪だけでなく、≫〜(p∨〜q)≪などなども導入してしまっていることになるだろう。そしてまた同時に、括弧の、考えられるかぎりすべての組み合わせの働きも、導入してしまっていることになるだろう。そして同時に、つまり、本来の一般的な原始記号は≫p∨q≪や≫(∃x).fx≪などではなく、それらの組み合わせのもっとも一般的な形式である、ということが明らかになっていることだろう。

5.461　　重要なのは、些細な見かけをした、つぎの事実である。つまり、∨や⊃のような、見かけの論理的関係は、——実際の関係とは対照的に——括弧を必要

とするのだ。
　　　　　　見かけの原始記号といっしょに括弧を使うということは、もうそれだけで、見かけの原始記号が実際の原始記号ではないということをしめしている。しかし、括弧に自立した意味があるとは、誰も思わないだろう。

5.4611　　論理学の演算記号は、句読点である。

5.47　　　すべての命題の形式について、そもそも**前**もって言うことができることは、**一度**に言うことができるにちがいない。このことは明らかである。
　　　　　すでに要素命題には、すべての論理演算が含まれているからである。というのも、»fa«は、
　　　　　　　»(∃x). fx. x = a«
と同じことを言っているから。
　　　　　組み立てられているところには、項と関数があり、項と関数があるところには、すでにすべての論理定項がある。
　　　　　こう言えるかもしれない。たったひとつの論理定項とは、**すべての**命題が、その本性からして、共有しているもののことである。
　　　　　ところでそれが、一般的な命題形式なのだ。

5.471　　 一般的な命題形式が、命題の本質である。

5.4711　　命題の本質を述べることは、すべての記述の本質を述べることである。つまり、世界の本質を述べることである。

5.472　　　もっとも一般的な命題形式を記述することは、ひとつの、ただひとつの一般的な論理原始記号を記述することである。

5.473　　　論理は、自分で自分の面倒を見るしかない。
　　　なにかの記号を**考えた**なら、その記号も、記号であらわすことができるにちがいない。論理で考えられることはすべて、許されてもいる。(「ソクラテスは同一である」は、「同一である」という特性が存在しないため、意味がない。この命題がノンセンスなのは、私たちが「同一である」という言葉を任意に定義していなかったからである。シンボルそのものが許されていないからではない)
　　　私たちは、ある意味では、論理においてまちがえることができない。

5.4731　　自明であることについてラッセルはたくさん語っているが、自明であることが論理で不必要になることができるのは、言語自身があらゆる論理的なミスを避けている場合だけである。——論理がアプリオリ

であるのは、非論理的に考えることができないからだ。

5.4732　私たちは記号に、不当な意味をあたえることができない。

5.47321　オッカムの格言は、もちろん、任意のルールではないし、実際の成果によって正当化されたルールでもない。この格言が言っていることは、**不必要な**記号単位には意味がない、ということである。
　　　　　ひとつの目的をはたしている記号たちは、論理的には同値である。目的をはたして**いない**記号たちは、論理的には無意味である。

5.4733　フレーゲは言う。「合法的につくられた命題は、どんなものでも、意味をもっているにちがいない」。私は言う。「考えられる命題は、どんなものでも、合法的につくられている。もしもその命題が意味をもっていないなら、それはただ、私たちがその命題の構成要素のいくつかに*意味*をあたえていなかったからにすぎない」
　　　　　（たとえ私たちが、あたえたと思っているとしても）
　　　　　というわけで、「ソクラテスは同一である」がなにも言っていないのは、私たちが「同一である」という単語に*形容詞*として意味をあたえていなかった

からである。というのも、この単語が等号として登場するときには、この単語は、形容詞とまったく別のやり方で——記号であらわしている関係は別の関係である——シンボルになっているのだから。だからシンボルも、両方のケースでまったく異なっている。ふたつのシンボルは、たまたま記号を共有しているだけである。

5.474　必要な基本演算の数は、私たちの表記法に*だけ*依存している。

5.475　重要なのは、ただ、一定数の次元の——一定の数学的多様性の——記号システムをつくることだけである。

5.476　明らかにここで問題になっているのは、あらわされる必要がある**基本概念の数**ではなく、ルールの表現なのだ。

5.5　どの真理関数も、要素命題にたいして演算
$$(\text{----}W)(\xi,\ldots\ldots)$$
を反復適用した結果である。
　　　この演算は、右の括弧のなかの全部の命題を否定している。私はこの演算のことを、それらの命題の否定と呼ぶ。

5.501 　　　命題が項である括弧表現を、私は――括弧のなかで項の順序が問題にならない場合には――»($\bar{\xi}$)«という形式の記号であらわす。»ξ«は変項で、その値は括弧表現の項である。変項ξの上の横棒は、その変項ξが括弧のなかのすべての値の代理である、ということをあらわしている。

（だから、たとえばξが3つの値P、Q、Rをもっているなら、
$$(\bar{\xi}) = (P, Q, R)$$
となる）

　　　変項の値は確定される。

　　　確定するということは、変項が代理している命題たちを記述することである。

　　　括弧表現の項がどのように記述されるかは、重要ではない。

　　　私たちは3種類の記述を区別することができる。（1）直接並べる。この場合、私たちは変項のかわりにその値となる定項を書くだけでよい。（2）関数fxをしめす。xの値にたいするfxの値のすべてが、記述されるべき命題である。（3）形式の法則によって命題がつくられているのだが、その形式の法則をしめす。この場合、括弧表現の項は、形式列のすべての項である。

5.502　だから私は、»(-----W)(ξ,……)«のかわりに»N($\bar{\xi}$)«と書く。
　　　　　N($\bar{\xi}$)は、命題変項 ξ のすべての値の、否定である。

5.503　この演算によって命題をどのようにつくることができるか、また、この演算によって命題をどのようにつくることができないか。どうやらそれが簡単に表現できるわけだから、そのことも精確に表現できるにちがいない。

5.51　ξの値が1つだけなら、N($\bar{\xi}$) = 〜p（pではない）となり、ξの値が2つなら、N($\bar{\xi}$) = 〜p.〜q（pでもqでもない）となる。

5.511　すべてを包括し、世界の鏡像となる論理が、こんなに特殊な鉤針と細工をなぜ必要とするのだろうか？　それは、これらがすべて結びついて、はてしなく繊細な網細工となり、大きな鏡になるからにすぎない。

5.512　»〜p«が真なのは、»p«が偽のときである。だから、真の命題»〜p«において»p«は偽の命題である。ではどのようにしてこの偽の命題を、波線»〜«は現実と一致させることができるのか？
　　　　　ところで、»〜p«で否定をしているものは、

》〜《ではない。この表記法でpを否定している記号すべてに共通しているものである。

　　　だからそれは、》〜p《、》〜〜〜p《、》〜p∨〜p《、》〜p.〜p《などなどが（無限に）つくられるような共通の規則なのだ。そしてその共通なものが、否定を反映しているのである。

5.513　　こう言えるかもしれない。pもqも肯定するシンボルすべてに共通なものは、命題》p.q《である。pかqのどちらか一方を肯定するシンボルに共通なものは、命題》p∨q《である。

　　　というわけで、こう言うことができる。2つの命題は、おたがいに共有するものをもたないときには、おたがいに対立している。そして、どんな命題にも、否定は1つしかない。その命題の外側全体には1つの命題しか存在しないからだ。

　　　というわけで、ラッセルの表記法でもしめされることだが、》q：p∨〜p《は》q《と同じことを言っているのであり、》p∨〜p《はなにも言っていないのである。

5.514　　表記法が確定されているときには、その表記法のなかにルールが存在していることになる。pを否定するすべての命題をつくるルール、pを肯定するすべての命題をつくるルール、pまたはqを肯定するす

べての命題をつくるルール、などなどである。これらのルールは、シンボルたちと等しいものであり、そのシンボルたちにこれらのルールの意味が反映されている。

5.515　》∨《、》.《などで結びつけられているものが、命題でなければならないことは、私たちのシンボルでしめされなければならない。

　　　　そして実際、その通りなのである。というのも、シンボル》p《や》q《は、たしかに自分で》∨《、》〜《などを前提としているのだから。もしも》p∨q《のなかの記号》p《があらわしているものが、［命題のような］複合記号でないなら、記号》p《は単独では意味をもつことができない。そしてまた、》p《と同じ意味の記号》p∨p《、》p. p《なども意味をもつことができない。ところで》p∨p《が意味をもっていないなら、》p∨q《も意味をもつことができない。

5.5151　否定命題の記号は、肯定命題の記号を使ってつくられる必要があるのか？　どうして否定命題は、否定的な事実によって表現することが可能であってはならないのだろうか？　（たとえば、》a《が》b《となんらかの関係でないとき、それは、aRbではないということを表現しているのかもしれない、という具合に）

しかしこの場合でも、たしかに否定命題は、間接的に肯定命題によってつくられている。

肯定命題は、否定命題の存在を前提にするしかない。そしてまた逆のことも言える。

5.52 　　　ξの値が、xのすべての値にたいする関数fxの全部の値なら、$N(\bar{\xi}) = \sim(\exists x).fx$となる。

5.521 　　　私は**すべて**という概念を真理関数から切り離す。

フレーゲとラッセルは、「一般的であること」を、論理積や論理和と結びつけて導入してしまった。そのため、命題》$(\exists x).fx$《と命題》$(x).fx$《を理解することがむずかしくなった。両者のなかには、「一般的であること」というアイデアと真理関数というアイデアが既定のものとして含まれているのだ。

5.522 　　　「一般的であること」の表示の特徴は、第一に、その表示が論理的な原像に注目させていることであり、第二に、その表示が定項を浮き彫りにしていることである。

5.523 　　　「一般的であること」の表示は、関数の項として登場する。

5.524 　対象があたえられているときには、私たちにはすでにそれと同時に**すべての**対象もあたえられている。

　　　　要素命題があたえられているときには、すでにそれと同時に**すべての**要素命題もあたえられている。

5.525 　　　命題》(∃x). fx《を──ラッセルがやっているように──「fxは*可能*である」と言葉で再現することは、正しくない。

　　　　ある状況が確実であるか、可能であるか、不可能であるかは、命題で表現されるのではない。それは、表現がトートロジーであるか、有意味な命題であるか、矛盾であるかによって、表現される。

　　　　好んでいつも引き合いに出される先例は、すでにシンボルそのもののなかにあるはずだ。

5.526 　　　完璧に一般化された命題たちによって、世界を完全に記述することができる。つまり、特定の対象になんらかの名前を前もって割り当てたりしないで、世界を完全に記述することができる。

　　　　そしてそこから普通の表現の仕方に戻るためには、「……というxが１つ、しかもただ１つだけ存在する」という表現につづけて、「そしてその x は a である」と言うだけでよい。

5.5261　完璧に一般化された命題は、ほかのすべての命題と同様、合成されている。(このことは、»(∃x, φ).φx«において私たちが»φ«と»x«に別々に言及する必要があることから、明らかである。»φ«と»x«は、一般化されていない命題のときのように、世界を表示する関係ではおたがいに独立している)

　　　　　合成されたシンボルの標識。*ほかの*シンボルと共通するものをもっていること。

5.5262　どんな命題でも、それが真であるか偽であるかによって、世界の一般的な構造のどこかが変化してしまう。要素命題の総体が世界の構造に残す自由空間は、まさに、完全に一般的な命題たちが境界をつくっている自由空間にほかならない。

　　　　　(ある要素命題が真のときは、そのことによって、真である要素命題がともかくひとつ*増えた*ことになる)

5.53　　　対象が等しいものであることを、私は、記号の等しさで表現する。等号には助けてもらわない。対象たちが異なっていることを、私は、記号たちが異なっていることで表現する。

5.5301　同一性が対象間の関係でないことは、明らかである。このことは、命題»(x):fx.⊃.x=a«を観察

すれば、とてもクリアにわかる。この命題が言っているのは、要するに、a *だけが*関数 f を満たすということである。aとなんらかの関係をもっているようなモノたちだけが、関数 f を満たすということを、この命題は言っているのではない。

とすると、もちろんこう言えるかもしれない。「まさにa *だけが*、a にたいしてこの関係をもっているのだ」と。しかしそれを表現するためには、等号そのものが必要となってしまうだろう。

5.5302　ラッセルがやっている》=《の定義は、十分ではない。なぜならその定義では、「2つの対象がすべての特性を共有している」と言うことができないからである。(たとえこの命題が絶対に正しくないとしても、この命題は*意味*をもっているのだ)

5.5303　ちなみに。*2つ*のモノについて「これらは同一である」と言うことは、ノンセンスである。そして*1つ*のモノについて「これは自分自身と同一である」と言っても、なにも言っていないことになる。

5.531　だから私は、》f(a, b). a = b《ではなく、》f(a, a)《(または》f(b, b)《)と書く。そして》f(a, b).〜 a = b《ではなく、》f(a, b)《と書く。

5.532　　　そして同じく、》(∃x, y).f(x, y).x=y《ではなく、》(∃x).f(x, x)《と書く。そして》(∃x, y).f(x, y).∼x=y《ではなく、》(∃x, y).f(x, y)《と書く。

　　　（だから、ラッセルの》(∃x, y). f(x, y)《のかわりに、》(∃x, y).f(x, y).∨.(∃x).f(x, x)《と書く）

5.5321　　》(x):fx⊃x=a《のかわりに、だから私たちは、たとえば》(∃x).fx.⊃.fa :∼(∃x, y).fx.fy《と書く。

　　　そして「ひとつのx *だけが* f( )を満たす」という命題は、》(∃x).fx :∼(∃x, y).fx.fy《となる。

5.533　　　だから等号は、概念記法の本質的な構成部分ではない。

5.534　　　ここで私たちにわかることがある。》a=a《、》a=b. b=c. ⊃a=c《、》(x). x=x《、》(∃x). x=a《などの疑似命題は、正しい概念記法では、書きつけることすらできないのだ。

5.535　　　これまで疑似命題に結びついていた問題もすべて、このことによって片づけられる。

　　　ラッセルの「無限公理」が引き起こす問題はすべて、すでにこの場所で解決できる。

　　　無限公理が言っているとされることを、言葉

で表現するとすれば、こうなるだろう。「異なった指示対象をもつ名前が、無限にたくさん存在している」と。

5.5351　》a＝a《とか》p⊃p《などの形式の表現を使いたくなってしまうケースも、いくつかある。しかもそういう誘惑にかられるのは、命題やモノなどという原像について語りたいと思うときである。こうしてラッセルは、『数学の原理』で、「pは命題である」というノンセンスを、》p⊃p《というシンボルであらわしてしまい、それを仮定としていくつかの命題の前に置いてしまった。そうやって、命題だけがその項の座を占めることができるように、と考えたのだ。

　　　　（ある命題に正しい形式の項を保証しようとして、その命題の前にp⊃pという仮定を置くことは、つぎのような理由からだけでもノンセンスである。まず、非命題を項として仮定することは、偽ではなく、ノンセンスになるからだ。そして、その命題自身、不適切な種類の項のせいで、ノンセンスになるからだ。したがって、この目的のためにくっつけられた無意味な仮定と同様、善悪は別として、その命題は、自分が不当な項に代入されないよう自己防衛するからだ）

5.5352　同様に、「モノは存在しない」を、》〜(∃x).x＝x《で表現しようとするかもしれない。しかし、た

とえかりにそれが命題であるとしても、──それは、「モノが存在」してはいるけれど、そのモノが自分自身と同一でない場合にも、真ではないのではないだろうか？

5.54 　　　一般的な命題形式では、命題が命題のなかで登場するのは、真理演算のベースとしてだけである。

5.541 　　　一見したところ、命題は別の命題のなかに別のやり方ででも登場できるかのように、思える。
　　　「Aは、pということだ、と信じている」とか、「Aは、pと考えている」などの、心理学の命題形式では、とくにそう思える。
　　　なぜならその場合、表面的には、命題pは対象Aとある種の関係をもっているかのように、思えるからだ。
　　　（そして現代の認識論（ラッセル、ムーアなど）では、それらの命題は実際、そのように理解されてきた）

5.542 　　　しかし明らかに、「Aは、pであると信じている」、「Aは、pと考えている」、「Aは、pと言う」は、「『p』は、pと言う」の形式である。そしてこれは、ひとつの事実にひとつの対象を割り当てることではなく、対象に対象を割り当てることによって事実に事実

を割り当てることなのだ。

5.5421　このことによって、つぎのこともしめされる。つまり、今日の表面的な心理学で理解されているような心——主観など——は、馬鹿げたものなのだ。
　　　なぜなら、かりに心を合成してみても、そんなものは心ではなくなってしまっているだろうから。

5.5422　「Aは、pと判断する」という命題の形式を正しく説明すれば、ノンセンスを判断することは不可能である、ということをしめすにちがいない。(ラッセルの理論はこの条件を満たさない)

5.5423　複合体を知覚することは、複合体の構成部分たちがこれこれの状態にある、ということを知覚することである。
　　　このことによって、つぎの図を

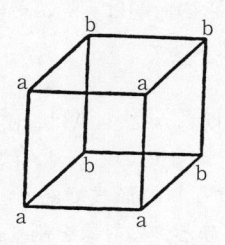

2通りのやり方で立方体として見ることができること

も、説明されるだろう。また、これに似た現象もすべて説明されるだろう。というのも、私たちは実際に、２つの異なった事実を見ているのだから。

(私が、まず角の４つのaを見てから、bをちらりとだけ見ると、aが前面に見える。逆にすると、bが前面に見える)

5.55 　　ここで、要素命題の可能なすべての形式のことをたずねられたら、私たちはアプリオリに答える必要がある。

　　要素命題は、名前からなりたっている。しかし私たちは、異なった指示対象をもつ名前の個数を報告することができないのだから、要素命題が合成されているとも報告することができない。

5.551 　　論理によって決着をつけることのできるような問いなら、どんな問いでもすべて、即座に決着をつけることができるにちがいない。これが私たちの原則である。

　　(そして私たちがそういう問題に答えるとき、世界を見る必要に迫られているなら、それは私たちが、根本的にまちがった足跡を追っているということだ)

5.552 　　論理を理解するために私たちが必要とする「経験」とは、なにかがこれこれであるという経験で

はなく、なにかが**ある**（***存在している***）という経験である。しかしそれは、経験と呼べるようなものでは**ない**。

　　　論理は、――なにかが**こう**であるという――あらゆる経験に***先だっている***。

　　　論理は、「どのように」に先だっている。「なに」には先だっていない。

5.5521　そして、もしもかりに、そうでないとしたら、私たちはどうやって論理を用いることができるのだろうか？　つぎのように言えるかもしれない。もしもかりに、世界が存在しないとしても論理は存在している、などということがあるなら、世界が存在しているときに、どうやって論理は存在できるのだろうか？

5.553　ラッセルは、「さまざまな数のモノ（個体）のあいだには、単純な関係がある」と言った。しかし、どれだけの数のあいだに？　そしてそれはどうやって決定されるというのだろう？　――経験によって？

　　　（特別扱いされる数は、ない）

5.554　特定のどんな形式を報告するとしても、それは完全に任意のものだろう。

5.5541　私がたとえば、なにかを27項関係の記号であ

らわす必要に迫られることになるかどうか。それは、アプリオリに報告可能であるべきことだ。

5.5542　しかし私たちは、そもそもそんな質問をしてもいいのだろうか？　ある記号形式を設定しておきながら、その記号形式になにかが対応できるのかどうか、わからない。そんなことができるのだろうか？
　　　　「なにかがそうであることができるために、なにがある（*存在している*）必要があるのか？」という質問に、意味があるのだろうか？

5.555　　明らかに私たちは、要素命題の個別の論理形式は別として、要素命題について、ある概念をもっている。
　　　　しかし、あるシステムにしたがってシンボルをつくることができる場合、論理的に重要なのは、そのシステムであって、個々のシンボルではない。
　　　　そしてまた、どうして論理において私は、自分が考え出すことのできる形式とかかわり合うことができるのだろうか。私がかかわり合う必要があるのは、形式を考え出すことを私に可能にしてくれているものである。

5.556　　要素命題の形式に階型はありえない。私たちが自分で構成するものしか、私たちは予見することが

できない。

5.5561　経験的実在に境界をつくっているのは、対象の総体である。その境界のほうは、要素命題の総体においてしめされる。

　　　　　階型は、実在に従属していないし、従属している必要はない。

5.5562　私たちが、要素命題は存在しているにちがいない、ということを論理的な理由だけから知っているなら、そのことは、分析されていない形式で命題を理解するすべての人に、知られているにちがいない。

5.5563　私たちの日常言語のすべての文章は、実際、そのままで、論理的に完全な秩序をもっている。──私たちがここで報告するように言われている、あのもっとも単純なものは、真理の比喩ではなく、まるごと真理そのものである。

　　　　（私たちの問題は、抽象的なものではなく、もしかしたら、存在する問題のなかでもっとも具体的な問題かもしれない）

5.557　論理を*用い*ることによって、どの要素命題が存在しているのか、が決められる。

　　　　なにに論理が用いられるのか、を論理は先取

りすることができない。

  明らかなことだが、論理は、論理を用いることと衝突してはならない。

  しかし論理は、論理を用いることとふれ合っている必要がある。

  だから、論理と、論理を用いることとは、干渉しあってはならない。

5.5571 私が要素命題をアプリオリに報告することができないときに、要素命題を報告しようとすることは、明らかなノンセンスになってしまう。

5.6 *私の言語の限界*は、私の世界の限界を意味する。

5.61 論理は世界を満たしている。世界の限界は、論理の限界でもある。

  だから私たちは論理において、「これこれは世界に存在しているが、あれは存在していない」と言うことはできない。

  なぜなら、もしもかりにそんなことが言えるとすれば、どうやらそれは、私たちがいくつかの可能性を排除していることを、前提としているように思えるだろうからだ。しかしそんなことはありえない。そんなことがありえるのなら、論理は世界の限界を超えてしまっているにちがいないだろうからだ。つまりそ

のとき論理は、世界の限界を世界の外側からでもながめることができるだろうから。

　　　　私たちは、考えることのできないことを、考えることはできない。だから私たちは、考えることのできないことを、*言う*こともできない。

5.62　　このコメントは、「ソリプシズム（独我論）はどの程度まで真理なのか」という問いを解く鍵になる。

　　　　つまり、ソリプシズムが*思っている*ことは、まったく正しい。ただしそれは、*言う*ことができず、しめされるだけである。

　　　　世界が*私*の世界であることは、*この*言語（私だけが理解する言語）の限界が*私*の世界の限界を意味する、ということにしめされている。

5.621　　世界と生は、ひとつである。

5.63　　私は、私の世界である。（ミクロコスモス）

5.631　　考える主体、想像する主体は、存在しない。
　　　　もしもかりに私が、「私の目の前に見えているような世界」という本を書くとするなら、その本では、私のからだについても報告しなければならないだろう。手足のどの部分が私の意思に従い、どの部分が

従わないか、などを言わなければならないだろう。つまりこれは、主体を隔離する方法である。いやむしろ、重要な意味において主体は存在しない、ということをしめす方法である。なぜなら、主体のことだけは、その本のなかでは話題にすることができ**ない**だろうから。――

5.632　主体は、世界の一部ではない。そうではなく世界の境界である。

5.633　世界の**なか**のどこで、形而上学的な主体に気づくことができるだろうか？
　　　　その事情は目と視野の関係とまったく同じだと、君は言う。けれども目を君は、実際には見てい**ない**。
　　　　そして**視野にある**どんなものからも、それが目に見られていることは推測されない。

5.6331　つまり視野は、つぎのような形式などではないからだ。

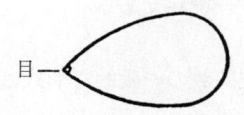

5.634　このことは、私たちの経験のどの部分もアプ

リオリではない、ということと関係している。

  私たちが見ているものはすべて、別のようでもあるかもしれない。

  およそ私たちが記述できるものはすべて、別のようでもあるかもしれない。

  モノたちの秩序は、アプリオリには存在しない。

5.64 ここでわかるのだが、ソリプシズムを徹底すると、純粋な実在論と一致する。ソリプシズムの「私」は縮んで、延長のない点となる。そして残るのは、「私」のためにコーディネートされた実在である。

5.641 だから実際、ある意味において、哲学では心理学を無視して「私」のことを話題にすることができる。

  「私」が哲学のなかに入ってくるのは、「世界は私の世界である」ということを通ってである。

  哲学の「私」は、人間ではない。人間のからだではない。心理学で扱われる人間の心ではない。そうではなく、形而上学的な主体である。世界の──一部ではなく──境界である。

6 真理関数の一般的な形式は、こうだ。$[\bar{p}, \bar{\xi}, N(\bar{\xi})]$

  これは、命題の一般的な形式である。

6.001　これは、どんな命題も、要素命題に演算 N($\bar{\xi}$) を反復適用した結果である、ということしか言っていない。

6.002　命題がどのようにつくられているのか、についての一般的な形式があたえられているときには、それと同時に、ある命題から演算によってどのように他の命題を生み出すことができるのか、についての一般的な形式もすでにあたえられている。

6.01　だから、演算 $\Omega'(\bar{\eta})$ の一般的な形式は、こうだ。

$$[\bar{\xi}, N(\bar{\xi})]'(\bar{\eta})\ (=[\bar{\eta}, \bar{\xi}, N(\bar{\xi})])$$

これは、ある命題から他の命題への移行の、もっとも一般的な形式である。

6.02　そしてそうやって私たちは、数にたどり着く。私は定義する。

$$x = \Omega^0 x \text{ Def.}$$

そしてまた $\Omega' \Omega^{\nu\prime} x = \Omega^{\nu+1\prime} x$ Def.

この記号ルールによって私たちは、

x, $\Omega' x$, $\Omega' \Omega' x$, $\Omega' \Omega' \Omega' x$, ……

という列を、つぎのように書く。

$\Omega^0 x$, $\Omega^{0+1\prime} x$, $\Omega^{0+1+1\prime} x$, $\Omega^{0+1+1+1\prime} x$, ……

だから私は、――》[x, ξ, $\Omega'\xi$]《 の か わ り

に——つぎのように書く。

$$\gg [\Omega^0 \text{x}, \Omega^{\nu}\text{'x}, \Omega^{\nu+1}\text{'x}] \ll$$

そして、こう定義する。

$$0+1=1 \text{ Def.}$$
$$0+1+1=2 \text{ Def.}$$
$$0+1+1+1=3 \text{ Def.}$$

(以下同様に)

6.021　　数は、演算の冪(べき)である。

6.022　　数の概念は、すべての数に共通なものにほかならない。数の一般的な形式にほかならない。

数の概念は、数の変項である。

そして「数が等しい」という概念は、個別に「数が等しい」ことたちすべての、一般的な形式である。

6.03　　整数の一般的な形式は、こうである。[0, ξ, $\xi+1$]

6.031　　クラスの理論は、数学ではまったく余計である。

このことは、私たちが数学で必要としている一般性というものが、*偶然*の一般性でないことと関係している。

6.1　　論理学の命題は、トートロジーである。

6.11　　　だから論理学の命題は、なにも言っていない。（分析の命題なのだ）

6.111　　　論理学のなにかある命題を内容があるように見せる理論があるが、それらの理論はいつもまちがっている。たとえば、「真」と「偽」という言葉が、ほかのいろいろな特性にまじって2つの特性をあらわしている、と思われることがあるかもしれない。するとその場合、どの命題も、真か偽のどちらかの特性をもっていることが、奇妙な事実として見えることになるだろう。するとそのことは、まったく自明ではないように思える。それは、たとえば「すべてのバラは黄色か赤である」という命題が、たとえ本当であったとしても、自明ではないように聞こえることに似ている。それどころか、論理学のその命題は、いまやすっかり自然科学の命題の性格をもってしまっている。そしてこのことは、その命題がまちがって理解されたということの、確かなしるしである。

6.112　　　論理学の命題を正しく説明すると、すべての命題のなかでその論理学の命題に、独自の地位をあたえるにちがいない。

6.113　　　論理学の命題が正しいということは、シンボ

ルだけで識別することができる。これが、論理学の命題の特別な目印である。そしてこの事実のなかに、論理学の哲学がすっぽり含まれている。というわけだから、論理学の命題でない命題の真偽を、命題だけで識別することができ**ない**ということも、きわめて重要な事実のひとつである。

6.12 　　　論理学の命題はトートロジーである。これは、言語の、つまり世界の、形式的な——論理的な——特性をしめしている。
　　　　論理学の命題の構成要素たちがそんなふうに結びつけられると、トートロジーになる。それが、論理学の命題の構成要素の論理の性格である。
　　　　命題が特定のやり方で結びつけられて、トートロジーになるためには、それらの命題が、特定の構造特性をもっていることが必要である。それらの命題が**そんなふうに**結合されると、トートロジーになるということは、つまり、それらの命題がそういう構造特性をもっている、ということをしめしているのだ。

6.1201 　　　たとえば命題»p«と命題»〜 p«が、»〜(p.〜p)«という具合に結合すると、トートロジーになるのだが、そのことは、ふたつの命題が両立しない、ということをしめしている。命題»p⊃q«と命題»p«と命題»q«が、»(p⊃q).(p):⊃:(q)«という形式で結合す

ると、トートロジーになるのだが、そのことは、qが pとp⊃qから帰結することをしめしている。》(x). fx : ⊃: fa《がトートロジーであることは、fa が(x).fx から 帰結することをしめしている。などなど。

6.1202　明らかなことだが、同じ目的のためなら、トートロジーのかわりに矛盾を使うこともできるだろう。

6.1203　トートロジーに「一般的である」という表示が見えない場合、トートロジーをトートロジーとして識別するためには、つぎのような図を用いる方法がある。私は、》p《や》q《や》r《などのかわりに、》WpF《や》WqF《や》WrF《などと書く。真（W）偽（F）の組合せは、括弧で表現する。たとえば、

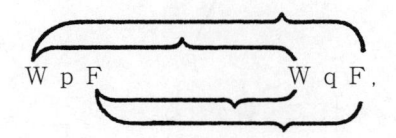

$$\overbrace{W p F \qquad\qquad W q F},$$

そして、命題全体の真偽が、真理項の真偽の組合せに割り当てられていることは、つぎのように線で表現する。

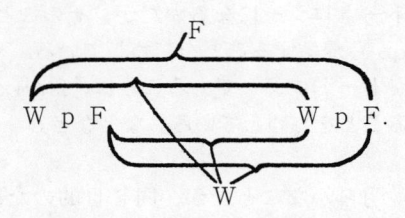

だからこの図は、命題 p⊃q を描いているということになるだろう。さてここで私は、命題〜(p.〜p)（矛盾律）を例にして、それがトートロジーであるのかどうか、調べてみよう。形式》〜ξ《は、私たちの表記法ではこう書かれる。

$$》W\xi F《$$

形式》ξ.η《は、こう書かれる。

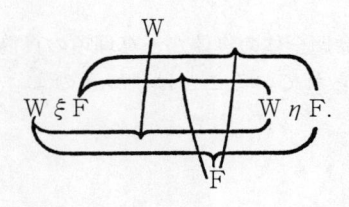

したがって命題〜(p.〜p)は、こうなる。

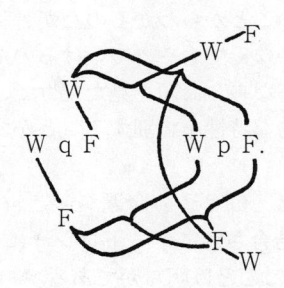

```
            W―F
         W
    WqF     WpF.
         F
            F―W
```

ここで私たちが》q《のかわりに》p《を入れて、一番外側のW（真）F（偽）と一番内側のW（真）F（偽）との結合を調べれば、つぎのことがわかる。つまり、問題の命題が全体として真であることは、その命題の真理項の**すべて**の真偽の組合せに割り当てられており、またその命題が全体として偽であることは、どの真偽の組合せにも割り当てられていない。

6.121 論理学の命題は、命題を、なにも言っていない命題に結合することによって、命題の論理的な特性を具体的に説明する。

　　　　　この方法を、零位法とも呼ぶことができるかもしれない。論理学の命題では、命題たちがおたがいにバランスをとらされる。そしてそのバランスの状態によって、その命題たちが論理的にどのような性質であるにちがいないか、が表示されるのである。

6.122　　　そのことからわかるのだが、私たちは論理学の命題なんかなくてもやっていけるのだ。なにしろ、表記法が適切なら、命題を見ただけで、私たちはその命題の形式的な特性を識別することができるので。

6.1221　　たとえば２つの命題»p«と»q«が、»p⊃q«という形に結合されてトートロジーになるなら、qがpから帰結することは明らかである。

　　　　　たとえば»q«が»p⊃q．p«から帰結することを、私たちはその２つの命題自体から見て取るのだが、**そのことをつぎのようにしてしめすこともできる。**つまり、２つの命題を結合して»p⊃q．p：⊃：q«とすることによって、それがトートロジーであることをしめすのである。

6.1222　　このことによって光が、つぎの問いに投げかけられる。論理学の命題を経験によって反駁することができないように、なぜ論理学の命題を、経験によって証明することができないのか。論理学の命題は、どんな経験によっても反駁可能である必要がないだけでなく、経験のようなものによって証明可能であってもならないのだ。

6.1223　　ここで明らかになるのは、「論理的な真理」

が私たちの「**要求**」であるかのように、しばしば感じられていた理由である。つまり私たちが「論理的な真理」を要求できるのは、私たちが十分な表記法を要求できるからなのだ。

6.1224　そしてさらにまた明らかになるのは、論理学が、形式と推論の教えと呼ばれた理由でもある。

6.123　明らかなことだが、論理の法則というものは、自分で論理の法則に支配されてはならない。
（どの「タイプ」にも固有の矛盾律がある、とラッセルは考えたが、矛盾律はひとつで十分だ。なにしろ矛盾律は、自分自身に適用されないのだから）

6.1231　論理学の命題の目印は、一般的に妥当するということでは**ない**。一般的であるということは、「偶然、すべてのモノゴトに妥当する」ということにすぎないのだから。一般化されていない命題だって、一般化された命題とまったく同様にトートロジーである可能性もあるのだから。

6.1232　「論理的にすべてに妥当する」ということは、たとえば、「すべての人間は死すべきものだ」という命題が、あの「偶然、すべてに妥当する」ということとは逆に、本質的なことであると言えるかもしれない。

ラッセルの「還元公理」のような命題は、論理的な命題ではない。このことから説明がつくのだが、私たちは、還元公理が正しいとしても、それはただ、好都合な偶然のおかげで正しいだけなのかもしれない、と感じている。

6.1233　還元公理が妥当しない世界を、考えることはできる。しかし明らかに論理は、私たちの世界が実際にそうであるのか、ないのか、という問いとは無関係である。

6.124　論理学の命題は、世界の足場を記述している。いやむしろ、世界の足場を描いている。論理学の命題は、なにも「扱って」いない。論理学の命題が前提にしているのは、名前には指示対象があり、要素命題には意味があるということである。そしてこのことによって、論理学の命題は世界と結びついているのだ。シンボルたちのなんらかの結びつきは——特定の性格を本質的にもっているわけだが——トートロジーである。そして明らかにこのことは、世界についてなにかを知らせているにちがいない。ここに決定的な点がある。私たちは、私たちが使っているシンボルには任意の面と、任意でない面がある、と言った。論理では表現をするのは、任意でない面だけである。いいかえれば、こういうことになる。論理では、私たちが表現し

たいことを記号に助けてもらって*私たちが*表現するのではない。そうではなく、論理では、自然で必然的な記号の本性が自分で供述しているのである。もしも私たちが、なんらかの記号言語の論理のシンタックスをよく知っているなら、すでに論理のすべての命題があたえられているのである。

6.125　　　最初から、すべての「真である」論理命題を記述することは、可能である。しかも論理を従来のように理解するとしても、可能である。

6.1251　　そういうわけだから、論理では、驚くようなこともありえ*ない*。

6.126　　　命題が論理命題であるかどうかは、*シンボル*の論理的な特性を計算することによって、計算することができる。

　　　そしてこの計算を私たちがするのは、論理命題を「証明する」ときである。というのも、意味や指示対象のことを気にせず、*記号のルール*だけを守ることによって、私たちはその論理命題を別の論理命題からつくるのだから。

　　　論理命題の証明とは、最初のトートロジーからくり返しトートロジーを生み出す、ある種の演算を反復適用することによって、問題のその論理命題を成

立させることである。(しかも、トートロジーから帰結するのは、トートロジーにすぎないのだが)

論理命題がトートロジーであることをしめすこのやり方は、もちろん、論理にとってまったく非本質的なことである。そもそも、証明の出発点である命題は、自分がトートロジーであることを、証明などなしにしめさざるをえないわけなのだから。

6.1261　論理ではプロセスと結果は等価である。(そういうわけだから、驚くようなことはない)

6.1262　論理での証明は、トートロジーが複雑なとき、それがトートロジーであることをより簡単に見わけるための、機械的な補助手段にすぎない。

6.1263　もしもかりに、有意味な命題を別の命題から*論理的に*証明できるとし、そのうえ論理命題も同じように説明できるとすれば、それは実際、あまりにも奇妙な話だろう。最初から明らかなことだが、有意味な命題を論理的に証明することと、論理*において*証明することとは、まったく別物であるしかない。

6.1264　有意味な命題は、なにかを述べている。そしてその命題を証明することは、そのなにかが述べられた通りである、ということをしめしている。そして論

理では、どの命題も証明の形式である。

　　　　　論理の命題はどれも、記号で描かれた推論図式である。(そして推論図式を命題で表現することはできない)

6.1265　　いつも論理というものを、つぎのように理解することができる。どの命題もそれ自身を証明しているのだ、と。

6.127　　論理ではどの命題も、同じ権利をもっている。命題には基本法則と派生命題がある、というのは本質的なことではない。

　　　　　どのトートロジーも、自分がトートロジーであることを、自分でしめしている。

6.1271　　明らかなことだが、「論理の基本法則」の数は任意である。というのも、その気になれば、論理をたったひとつの基本法則から導くこともできるだろうからである。それは、たとえばフレーゲの基本法則から論理積をつくりさえすればいいのだ。(フレーゲなら、「そういう基本法則は、もはや、すぐさま自明だとは思えませんね」と言うかもしれない。しかしフレーゲのように厳密に考える人が、論理命題の規準として自明さの度合いを引き合いに出したというのは、奇妙な話である)

6.13　　　論理は学説ではない。世界の鏡像である。
　　　　　論理は、超越論的である。

6.2　　　数学は、論理的な方法である。
　　　　　数学の命題は、等式であるから、疑似命題である。

6.21　　　数学の命題は、思想を表現していない。

6.211　　人生や生活で私たちが必要としているのは、数学の命題なんかではない。私たちが数学の命題を使うのは、**ただ**、数学には属さない命題から、同じく数学に属さない別の命題を導くためにすぎない。
　　　　　（哲学では、「いったい私たちはなんのために、あの単語、あの文章を使うのだろう？」という問いが、役に立つ洞察に何度もつながっていくのだが）

6.22　　　世界の論理を、論理の命題はトートロジーにおいてしめすのだが、数学は等式においてしめす。

6.23　　　２つの表現が等号で結ばれるなら、それは、おたがいに置き換えることができる、ということだ。だが実際に置き換えることができるかどうかは、その２つの表現そのものにおいてしめされるにちがいない。

おたがいに置き換えることができるということが、2つの表現の論理形式の、性格になっている。

6.231　二重否定としてとらえることができる。それが、肯定の特性である。
　　　》(1+1)+(1+1)《としてとらえることができる。それが、》1+1+1+1《の特性である。

6.232　フレーゲに言わせると、この2つの表現は、同じ指示対象をもっているが、異なった意味をもっている。
　　　ところで等式において本質的な点は、等号で結ばれた2つの表現が同じ指示対象をもっていることをしめすために、等式は必要ではないということである。なにしろ、その2つの表現が同じ指示対象をもっていることは、2つの表現そのものから見て取ることができるのだから。

6.2321　そして、数学の命題を証明することができるということは、まさに以下のようなことにほかならない。つまり、数学の命題の正しさは納得のいくものなので、その正しさをチェックするために、その数学の命題が表現していること自体と、事実とを比較する必要などないのである。

6.2322　　２つの表現の指示対象が一致していることを**主張**することはできない。というのも、その指示対象についてなにかを主張することができるためには、私はその指示対象のことをよく知っている必要があるのだから。そして、その指示対象のことをよく知っているなら、私には、その指示対象が同じものなのか、異なったものなのか、すでにわかっているのだから。

6.2323　　等式は、どの立場から私はその２つの表現を観察しているのか、という立場の目印にすぎない。つまり私は、その２つの表現の指示対象が同じであるという立場から、観察しているのだ。

6.233　　「数学の問題を解くために、直観は必要でしょうか」という質問は、「まさに言語がここで、必要な直観を配達してくれる」という方向で答えられる必要がある。

6.2331　　**計算**のプロセスが、まさにその直観を斡旋してくれる。
　　　　　計算は、実験ではない。

6.234　　数学は、論理の方法である。

6.2341　　数学の方法の本質的な点は、等式で仕事をす

ることである。なぜなら、この方法にもとづいているのが、「数学のどの命題も自明である必要がある」ということなのだから。

6.24　　　等式を手に入れる数学の方法は、代入の方法である。
　　　　　というのも等式は、2つの表現はおたがいに置き換えることができる、ということを表現しているのだから。そして私たちは、等式にしたがいながら、表現を別の表現に置き換えることによって、いくつかの等式から新しい等式へと歩いていくのだから。

6.241　　　というわけでセンテンス2×2＝4の証明は、こうなる。

$$(\Omega^\nu)^{\mu}{}'x = \Omega^{\nu \times \mu}{}'x \text{ Def.}$$

$$\Omega^{2\times 2}x = (\Omega^2)^2 x = (\Omega^2)^{1+1'}x$$
$$= \Omega^{2'}\Omega^{2'}x = \Omega^{1+1'}\Omega^{1+1'}x = (\Omega'\Omega)'(\Omega'\Omega)'x$$
$$= \Omega'\Omega'\Omega'\Omega'x = \Omega^{1+1+1+1'}x = \Omega^{4}x.$$

6.3　　　論理の探求は、**すべての*法則性***の探求のことである。そして論理の外側では、すべてが偶然である。

6.31　　　いわゆる帰納法則は、どんな場合でも論理法則ではありえない。というのもそれは、明らかに有意味な命題なのだから。——そしてそういうわけだから、

アプリオリな法則でもありえない。

6.32　　　因果法則は、法則ではない。法則の形式である。

6.321　　「因果法則」というのは、普通名詞である。そして力学には、——たとえば最小作用の法則のような——言ってみれば、ミニマムの法則があるように、物理学にも、因果法則、つまり因果形式の法則がある。

6.3211　　「最小作用の法則」がどんなものか、精確に知られるようになる前に、実際、「最小作用の法則」*のようなものがあるにちがいない*、と予感されていたのである。(例によって、ここでわかることだが、アプリオリに確実なものは、純粋に論理的なものである)

6.33　　　私たちは保存法則のことをアプリオリに*信じている*のではない。論理形式の可能性をアプリオリに*知っている*のだ。

6.34　　　あの命題、たとえば、理由、自然における連続、自然における最小の消費などなどについての命題は、どれもすべて、科学の命題にあたえることのできる形式をアプリオリに洞察したものである。

6.341　　たとえばニュートン力学は、世界を記述するとき、統一のとれた形式をもちいている。不規則な黒いしみが何個かくっついている白い平面を想像してみよう。そこで私たちは言う。その想像によってどんな絵柄が見えるとしても、私は任意の精確さでその絵柄を記述することができますよ。つまり私はその平面を、絵柄にふさわしい細かさの、正方形の網の目でおおい、それぞれの正方形について、白なのか、黒なのか、言うのである。このやり方で私は、平面を記述するとき、統一のとれた形式をもちいたことになるだろう。その形式は任意のものである。というのも、三角形や六角形の網の目を使っても、うまく記述することができただろうから。三角形の網を使ったほうが、記述が簡単になった可能性もある。いいかえれば、粗い三角形の網の目のほうが、細かな正方形の網の目より（または逆に、粗い正方形の網の目のほうが、細かな三角形の網の目より、などなど）、その平面を精確に記述できるかもしれないのだ。さまざまな網の目に対応しているのは、世界を記述するさまざまなシステムである。力学は、世界を記述する形式を決めるとき、つぎのように言う。「世界を記述するすべての命題は、いくつかの所定の命題——力学の公理——から、所定のやり方で手に入れる必要がある」。そうやって力学は、科学の建物を建てるための石材を配達して、こう言う。「どんな建物を建てるつもりでも、君にはその建物を、

ともかくこの石材で、いや、この石材だけで、組み立ててもらわなくちゃ」

　　　　（数のシステム［記数法］を使えば、どんな任意の数も書き出せるように、力学のシステムを使えば、どんな任意の物理学の命題も書き出せるにちがいない）

6.342　　　すると私たちには、論理学と力学のおたがいの位置が見えてくる。（たとえば三角形と六角形など、さまざまな種類の図形が網の目になっている網を考えることができるかもしれない）。さっき述べたような絵柄を、所定の形式の網によって記述することができるということは、その絵柄について**なにも述べていない**。（というのも、この種の、どの絵柄についても、同じことが言えるのだから）。しかし、*特定の細かさ*をもった特定の網によって絵柄を*完全に*記述することができる**ということは**、その絵柄の性格になっている。

　　　　それと同様に、ニュートン力学によって世界を記述することができるということは、世界についてなにも述べていない。しかしながら、ニュートン力学によって、世界をまさに**あるがまま**に記述することができるということは、世界についてなにかを述べている。また、別の力学よりこちらの力学のほうが世界をシンプルに記述することができるということも、世界についてなにかを述べている。

6.343　　力学は、世界の記述に私たちが必要とする、*真の命題*のすべてを、たった1つのプランにそって構成しようとする試みである。

6.3431　　論理装置の全体を通じて、物理法則もやはり、世界に属する対象のことを語っている。

6.3432　　力学による世界の記述は、いつもまったく一般的な記述である、ということを私たちは忘れてはならない。力学では、たとえば*特定の*質点が話題になることは絶対にない。いつも話題になるのは、*なんらかの*質点だけだ。

6.35　　私たちの絵柄においてしみは幾何学図形ではあるけれども、当然のことながら幾何学は、そのしみの実際の形や位置についてなにひとつ言うことができない。網のほうは純粋に幾何学的であり、その特性のすべてをアプリオリに並べることができる。
　　理由律などのような法則は、網のことを扱うが、網が記述していることは扱わない。

6.36　　もしもかりに因果法則というものが存在するなら、それは、「自然法則が存在する」というものになるかもしれない。

　　　　　しかしもちろん、それを言うことはできない。それはしめされるのだ。

6.361　　ヘルツ流に、こう言えるかもしれない。「考えることができるのは、法則をもったつながりのことだけである」

6.3611　　私たちはプロセスを、「時間の経過」と比較することはできない。——「時間の経過」は存在しないのだから——。比較できるのは、別のプロセス（たとえばクロノメーターの動き）とだけである。

　　　　　したがって時間の経過を記述できるのは、私たちが別のプロセスを支えにする場合だけである。

　　　　　まったく同じことは空間についても言える。たとえば、「（おたがいに排除しあう）２つの出来事は、そのどちらも起きることができない。一方が他方より先に起きなければならない、という*原因*がどこにも*な*いからだ」と言われる場合、実際に問題になることがある。２つの出来事のあいだになんらかの非対称がないなら、その２つの出来事のうち*1*つを記述することなどできないのだ。そしてそのような非対称が*ある*なら、私たちはその非対称を、一方の出来事が起きて他方の出来事が起きない*原因*として、とらえることができる。

論理哲学論考　　　　　　137

6.36111　　右手と左手を重ね合わせることができないというカントの問題は、すでに平面において、いや１次元の空間においても、存在している。

```
- - - ○ ──────── × - - × ──────── ○ - - - - -
      a                    b
```

１次元の空間では、２つの合同な図形aとbは、この空間の外へ移動されなければ、重ね合わせることもできない。右手と左手は実際のところ、完全に合同である。そして右手と左手を重ね合わせることができないことは、両者が合同であることとは無関係である。
　　　　　　右手の手袋は、もしもかりにそれを４次元の空間でひっくり返すことができるなら、左手にはめることができるかもしれない。

6.362　　記述されることができるものは、起きる可能性もある。そして因果法則によって排除されて当然のことは、記述されることもできない。

6.363　　帰納のプロセスは、私たちの経験と調和できるもっとも*単純な*法則を私たちが採用することである。

6.3631　　ところでそのプロセスの根拠は、論理的なものではなく、心理的なものである。
　　　　　「もっとも単純なケースがこれから実際に起きるだろう」と思うことに根拠がないことは、明らか

である。

6.36311　太陽はあした昇るだろう、というのは仮説である。いいかえれば、太陽が昇るのだろうか、昇らないのだろうか、は私たちには**わからない**。

6.37　あのことが起きたから、このことが起きるにちがいないだろう、という強制は存在しない。存在するのは、**論理の必然**だけだ。

6.371　現代の世界観はどれも、「いわゆる自然法則が自然現象の説明である」という錯覚にもとづいている。

6.372　というわけで人びとは自然法則を、疑う余地のない不可侵のものと考えて、そこで立ち止まっている。昔の人びとが神や運命のところで立ち止まっていたように。
　そして新旧ともに正しいけれど、まちがってもいる。ただし古い人たちのほうが、クリアな終着点を認めていたという意味では、クリアである。新しいシステムでは、**すべて**が説明されたかのように、思わされているので。

6.373　世界は、私の意思に依存していない。

6.374 たとえもしも、私たちの望むことがすべて起きるとしても、それはいわば、運命の恩寵にすぎないだろう。というのもそれは、意思と世界のあいだにあって、それを保証する*論理的な*つながりではないのだから。そして、物理的なつながりを想定するとしても、そのつながりを私たちは自分では欲することができないだろうから。

6.375 *論理的な*必然しか存在していないように、*論理的な*不可能しか存在していない。

6.3751 たとえば２つの色が同時に視野の１つの場所にあることは、不可能である。それも論理的に不可能である。というのも、そういうことは色の論理構造によって排除されているのだから。

　　　　　この両立不可能が物理学ではどんなふうにあらわれるのか、考えてみよう。それは、１つの粒子は同時に２つの速度をもつことができない、といったところだろうか。ということはつまり、１つの粒子は同時に２つの場所にあることができない。ということはつまり、異なった場所にある粒子は、同じ１つの時間に同一であることができないのである。

　　　　　（明らかなことだが、２つの要素命題の論理積は、トートロジーであることも矛盾であることもで

きない。視野の1つの点が同時に2つの異なる色をもっている、と言うことは、矛盾である)

6.4　　　　すべての命題は等価値である。

6.41　　　　世界の意味は、世界の外側にあるにちがいない。世界では、すべてが、あるようにしてあり、すべてが、起きるようにして起きる。*世界のなかには*価値は存在しない。——もしもかりに価値が存在しているのなら、その価値には価値がないだろう。

　　　　価値のある価値が存在するなら、その価値は、「起きることすべて」や「そうであることすべて」の外側にあるにちがいない。というのも、「起きることすべて」や「そうであることすべて」は、偶然なのだから。

　　　　「起きることすべて」や「そうであることすべて」を偶然ではないものにするものは、世界の*なかには*ありえない。というのも、世界のなかにあるなら、それはそれで偶然であるのだろうから。

　　　　「起きることすべて」や「そうであることすべて」を偶然ではないものにするものは、世界の外側にあるにちがいない。

6.42　　　　そういうわけで倫理の命題も存在することができない。

命題は、より高いものを表現することができない。

6.421 　　明らかなことだが、倫理を言葉にすることはできない。
　　　　倫理は超越論的である。
　　　　（倫理[学]と美[学]は、ひとつのものである）

6.422 　　「汝、……為すべし」という形式で倫理の法則が立てられていると、まず最初に考えるのは、「じゃ、俺がそうしなければ、どうなる？」ということだ。ところで明らかなことだが、倫理は、普通の意味での賞罰とは無関係である。だから、そのように行為の**結果**を質問することは、些細なことにちがいない。——少なくとも、その行為の結果が事件であってはならない。というのも、そのような質問をすることには、なにかしらの正しさがあるにちがいないのだから。たしかに一種の倫理的な賞罰があるにちがいないのだが、そういう賞罰は行為そのもののなかにあるにちがいない。
　　　　（そしてこれも明らかなことだが、賞は快適なものであり、罰は不快なものであるにちがいない）

6.423 　　意思を倫理的なものの担い手として語ることはできない。
　　　　そして現象としての意思に興味をもつのは、

心理学だけである。

6.43　　　善意または悪意が世界を変えるなら、変えることのできるのは、世界の限界だけである。事実を変えることはできない。言語によって表現できるものを、変えることはできない。

　　　要するに、そのとき世界は、意思によって別の世界になるにちがいない。いわば全体として、世界のサイズが増減するにちがいない。

　　　幸せな者の世界は、不幸せな者の世界とは別の世界である。

6.431　　　それはまた、死んだときには世界は変わらず、世界が終わることに、似ている。

6.4311　　死は人生の出来事ではない。死を人は経験することがない。

　　　永遠とは、はてしなく時間がつづくことではなく、無時間のことであると理解するなら、現在のなかで生きている者は、永遠に生きている。

　　　私たちの生は、私たちの視野に境界がないのとまったく同様に、終わりがない。

6.4312　　人間の魂が時間的に不死であること。いいかえれば、つまり死後も魂が永遠に生きつづけること。

そのことは、どんなやり方でも保証されてはいない。それだけではなくとくに、そういうことを想定したからといって、いつもそれで期待されていることが、実現されるわけではまったくない。私が永遠に生きつづけることによって、謎が解けるのだろうか？　その永遠の生は、現在の生とまったく同様に謎めいているのではないか？　時間と空間のなかにある生の謎を解くことは、時間と空間の**外側**にある。

　　　（解かれるべきなのは、自然科学の問題ではないのだから）

6.432　　世界が**どう**であるかは、より高いものにとってはまったくどうでもいい。神が姿をあらわすのは、世界の**なか**ではない。

6.4321　　事実はすべて課題の一部にすぎない。解かれるためにあるのではない。

6.44　　世界がどうであるかということが、神秘なのではない。世界がある**ということ**が、神秘なのだ。

6.45　　永遠ノ相ノモトデ世界を見つめるということは、世界を——境界で囲まれた——全体として見つめることである。

　　　　境界で囲まれた全体として世界を感じること

が、神秘なのだ。

6.5 　　　口にすることができない答えにたいしては、その問いも口にすることができない。
　　　　　*謎*は存在しない。
　　　　　そもそも問うことができるなら、その問いには答えることもできる。

6.51 　　　問うことができない場合に、疑おうとするとき、懐疑論は、反論不可能なのでは**なく**、明らかにノンセンスなのである。
　　　　　というのも、問いがある場合にしか、疑いは生まれることがないのだから。そして、答えがある場合にしか、問いは生まれることがないのだから。そして、なにかを*言う*ことができる場合にしか、答えも問いも疑いも生まれることがないのだから。

6.52 　　　たとえ、**考えられるかぎり**すべての科学の問いが答えられているとしても、私たちの生の問題には、まだまったく触れられていない、と私たちは感じる。もちろんこのとき問いはまさになにひとつ残っていない。そしてまさにこれが答えなのだ。

6.521 　　生の問題が解決したことに気づくのは、その問題が消えたことによってである。
　　　　　（これが理由で、つぎのようなことがあるの

ではないか。長いあいだ、あれこれ疑ってから生の意味が明らかになった人たちがいるのだが、明らかになっても、生の意味がどこにあったのかは、言うことができなかった）

6.522　　　ただし、口に出せないものが存在している。それは、自分を**しめす**。それは、神秘である。

6.53　　　哲学の正しい方法があるとすれば、実際それは、言うことのできること以外、なにひとつ言わないことではないか。つまり、自然科学の命題——つまり、哲学とは関係のないこと——しか言わず、そして、誰かが形而上学的なことを言おうとしたら、かならずその人に、「あなたは、あなたの命題のいくつかの記号に意味をあたえてませんね」と教えるのだ。この方法は、その人を満足させないかもしれない。——その人は、哲学を教えてもらった気がしないかもしれない。——けれども、**これこそが**、ただひとつ厳密に正しい方法ではないだろうか。

6.54　　　私の文章は、つぎのような仕掛けで説明をしている。私がここで書いていることを理解する人は、私の文章を通り——私の文章に乗り——私の文章を越えて上ってしまってから、最後に、私の文章がノンセンスであることに気づくのである。（いわば、ハシゴ

を上ってしまったら、そのハシゴを投げ捨てるにちがいない)

　　　その人は、これらの文章を克服するにちがいない。そうすれば世界を正しく見ることになる。

7　　　語ることができないことについては、沈黙するしかない。

ヴィトゲンシュタイン年譜

野家啓一編

1889年 **0歳**
4月26日、オーストリア＝ハンガリー帝国の首都ウィーンに生まれる。父カールと母レオポルディーネの第9子（うち次女は早逝）であり、上に三人の姉と四人の兄がいた。同年生まれに哲学者ハイデガーと独裁者ヒトラーがいる。

1902年 **13歳**
長兄ハンスがアメリカのチェサピーク湾で投身自殺。父親との葛藤が原因といわれる。ラッセルが「集合論のパラドックス」を発見し、その内容をフレーゲに手紙で伝える。

1903年 **14歳**
リンツのオーストリア＝ハンガリー帝国国立実科学校に入学、1906年まで学ぶ。同時期にヒトラーも在籍していた。ラッセル、『数学の原理』を刊行。フレーゲ、『算術の基本法則』第2巻を刊行。

1904年 **15歳**
三兄ルドルフ、ベルリンのパブで服毒自殺。同性愛者であったことが原因といわれる。

1906年 **17歳**
ベルリンのシャルロッテンブルク工科大学に機械工

学の学生として入学、ヘルツに物理学を学ぶ。

1908年　　　　　　　　　　　　　　　　　　　　19歳

イギリスに渡り、グロサップの高層気象観測所で凧を用いた航空工学の実験を行う。秋、マンチェスター大学工学研究所の特別研究生となり、プロペラの設計に従事する。この頃から関心は航空工学から数学の基礎へ移っていく。ラッセルがパラドックスを避ける方策として「タイプ理論」を発表。

1910年　　　　　　　　　　　　　　　　　　　　21歳

ラッセルとホワイトヘッドの共著『プリンキピア・マテマティカ（数学原理）』第1巻刊行（第2巻は1911年、第3巻は1913年に刊行）

1911年　　　　　　　　　　　　　　　　　　　　22歳

イエナ大学のフレーゲを訪ね、ラッセルのもとで学ぶよう助言を受ける。この秋、初めてラッセルを訪ねる。

1912年　　　　　　　　　　　　　　　　　　　　23歳

ケンブリッジ大学に入学、トリニティ・カレッジの学生となり、論理学の研究に専念する。この頃、ケインズと親交を結ぶ。

1913年　　　　　　　　　　　　　　　　　　　　24歳

父カール舌癌により死去。秋、ノルウェーのショルデンに山荘を建てて移住し、論理学の研究に没頭、『論理哲学論考』（以下『論考』と略）のアイディアが芽生え始める。四兄パウル、ウィーンでピアニス

トとしてデビュー。
1914年　　　　　　　　　　　　　　　　　　25歳
父から相続した遺産の一部をリルケやココシュカらオーストリアの不遇な芸術家たちに寄贈。ムーアがショルデンを訪ね、ヴィトゲンシュタインの研究成果を口述筆記。7月末、第一次世界大戦が勃発し、志願兵としてオーストリア軍に入隊する。東部戦線に配属されるとともに、後に『草稿』と呼ばれるノートを書き始め、9月には『論考』の核となる「像の理論」のアイディアを懐胎する。この頃、トルストイの『要約福音書』に出会い、傾倒する。ピアニストの四兄パウルは従軍中に、戦傷で右手を切断し、ロシア軍の捕虜となる。

1916年　　　　　　　　　　　　　　　　　　27歳
6月、ロシアのブルシーロフ軍の猛攻を受け、死の恐怖に直面、九死に一生を得る。この時期から『草稿』の内容が論理学から形而上学的問題へ大きく変化する。ラッセルは良心的反戦論者として罰金刑を受け、トリニティ・カレッジを追われる。四兄パウル、片腕のピアニストとして再デビュー。

1918年　　　　　　　　　　　　　　　　　　29歳
イタリアの南部戦線へ転属、山岳砲兵連隊に配属され勲功（金の勇敢褒章）を立てる。5月、親友のピンセントがイギリスでテスト飛行中に墜死との知らせを受け、大きな衝撃を受ける。夏の休暇をウィーン

とザルツブルクで過ごし、『論考』を事実上完成させる。11月、トレント近辺でイタリア軍の捕虜となり、コモ収容所へ送られる。次兄クルト、戦場で部隊の撤退の責任をとりピストル自殺。

1919年　　　　　　　　　　　　　　　　　　30歳

1月、モンテ・カッシーノの捕虜収容所へ移送。6月、ケインズを介して『論考』の原稿をラッセルへ送る。釈放されてウィーンへ戻り、父親から相続した全財産を放棄し、小学校教員資格をとるべく教員養成学校に通う。ラッセル、『数理哲学入門』刊行、ヴィトゲンシュタインに『論考』の序文を書くことを約束。

1920年　　　　　　　　　　　　　　　　　　31歳

ラッセルの「序文」を受け取るが失望する。教員養成学校を卒業し、9月からウィーン近郊のトラッテンバッハ小学校の臨時教員として赴任。

1921年　　　　　　　　　　　　　　　　　　32歳

秋、ラッセルの推挙により「論理哲学的論文（論考）」がオストワルトの主宰する『自然哲学年報』（第14巻3・4号）に掲載される。ただし、誤植や誤記が多く、ヴィトゲンシュタインはそれを「海賊版」と呼び、自身の論文と認めることを拒否。

1922年　　　　　　　　　　　　　　　　　　33歳

プーフベルクの小学校へ転任。11月、『論考』の独英対訳版（英訳者はオグデン）がラッセルの「序文」

を付けてキーガン・ポール社から刊行された。*Tractatus Logico-Philosophicus*というラテン語のタイトルは、このときムーアによって提案されたもの。

1923年 34歳

ケンブリッジからラムジーが訪問、以後訪問は数回にわたる。

1924年 35歳

秋、オッタータールの小学校に転任。『小学生の単語帳』の出版を計画（2年後に刊行）。12月、ウィーン大学のシュリックから初めて手紙を受け取る。

1925年 36歳

7月、フレーゲ没。6月、ケンブリッジに滞在し、ラムジーやラッセルと会う。

1926年 37歳

4月、生徒への体罰事件で保護者から告訴され、無罪となるも教員を依願退職。ウィーンに戻り、ヒュッテルドルフの修道院に入ることを望むが果たせず、修道院の園丁助手の職につく。6月、母レオポルディーネ死去。秋、三姉マルガレーテ（ストーンボロー夫人）の邸宅を、建築家エンゲルマンとともに設計し始める。

1927年 38歳

2月、ウィーン学団の指導者シュリックと初めて会見。その後、ヴァイスマン、カルナップ、ファイグルなどウィーン学団のメンバーとの交流が始まる。

1928年　　　　　　　　　　　　　　　　　　　　39歳

3月、ヴァイスマン、ファイグルらとともにオランダの直観主義数学者ブラウワーの講演「数学・科学・言語」を聴講して強い刺激を受け、再び哲学を語り始める。カルナップ、『世界の論理的構築』を刊行。

1929年　　　　　　　　　　　　　　　　　　　　40歳

1月、ケンブリッジ大学トリニティ・カレッジ大学院に再入学。『論考』を学位論文として提出し、ラッセルとムーアによる口頭試問を経て博士号を授与される。『アリストテレス協会報補巻』に「論理形式について」を発表。

1930年　　　　　　　　　　　　　　　　　　　　41歳

1月、ラムジー27歳の若さで死去。ケンブリッジ大学の哲学講師として講義を始める。ムーアはそれを基に「ヴィトゲンシュタインの講義1930〜33」を執筆。5月、『哲学的考察』の草稿を仕上げる。12月、トリニティ・カレッジのリサーチ・フェローに推挙される。

1933年　　　　　　　　　　　　　　　　　　　　44歳

『マインド』編集者に手紙を送り、ブレイスウェイトの論文が「私の見解の不正確な表現」になっていると抗議。夏、『哲学的文法』のもととなる「ビッグ・タイプスクリプト」を作成し、秋から『青色本』の口述を始める。ドイツではヒトラーが政権を

掌握し、ユダヤ人抑圧政策を開始。

1934年 45歳

ロシア移住を計画し、パスカル夫人からロシア語を学び始める。9月、アイルランドに教え子の精神科医ドゥルーリーを訪ね、医師となってロシアに行く可能性を探る。秋から『茶色本』の口述を開始。

1935年 46歳

9月、ロシアを訪問し、レニングラード（現サンクト・ペテルブルグ）およびモスクワを旅行する。論理学者ソフィア・ヤノフスカヤと会い、哲学教授のポストを約束されるが、決心のつかないままイギリスに戻り、結局はロシア移住を断念する。

1936年 47歳

6月、シュリックがウィーン大学構内で射殺される。8月、ノルウェーのショルデンの山荘にこもり、『茶色本』のドイツ語訳に取り組むが、ほどなくその作業を放棄。11月から12月にかけて『哲学探究』現行版の第1節から188節までを書き上げる。

1937年 48歳

9月から11月にかけて、ショルデンで『数学の基礎』第一部に当たる原稿を書き上げる。

1938年 49歳

ナチス・ドイツによるオーストリア併合を知り、イギリスに帰化する決心をする。夏、ケンブリッジ大学の研究室で、リースら少数の学生を相手に「美学、

心理学および宗教的信念についての講義と会話」を行う。ケンブリッジ大学哲学科に正式に所属。ケンブリッジ大学出版局と『哲学探究』の出版交渉を行う。

1939年 50歳

2月、ケインズらの推挙により、ムーアの後任としてケンブリッジ大学教授に就任。4月、イギリス国籍を取得。9月、第二次世界大戦勃発。10月以降『数学の基礎』第二部の執筆を継続する。

1941年 52歳

11月からロンドンのガイズ病院で看護兵として奉仕活動を始める。それと並行して『数学の基礎』第三部、第四部を執筆。

1943年 54歳

4月、ニューキャッスルのロイヤル・ヴィクトリア病院の実験助手となる。仕事の合間に『数学の基礎』第五部の執筆を継続。

1944年 55歳

2月、病院の職を辞し、ケンブリッジに戻る。10月、ケンブリッジ大学での講義を再開し、『哲学探究』第189節から421節までを執筆。11月、ムーアの後任として、モラル・サイエンス・クラブの会長となる。ラッセルがケンブリッジ大学のトリニティ・カレッジに戻る。

1945年 56歳

1月、『哲学探究』の「序文」を執筆。5月、ドイツが連合国に無条件降伏、第二次世界大戦終結。

1946年　　　　　　　　　　　　　　　　　　57歳

『哲学探究』の草稿に第422節から693節までを書き加えて第一部を完成させる。秋から「哲学的心理学」と題する講義を始める。

1947年　　　　　　　　　　　　　　　　　　58歳

12月、ケンブリッジ大学教授を辞任。『心理学の哲学Ⅰ』の草稿を作成。冬、ダブリンへ赴く。

1948年　　　　　　　　　　　　　　　　　　59歳

夏までアイルランドのギャルウェイに滞在。9月、病床にあった長姉ヘルミーネをウィーンに見舞う。10月、ケンブリッジに戻り、『心理学の哲学Ⅱ』の草稿を作成。

1949年　　　　　　　　　　　　　　　　　　60歳

7月から10月までマルコムの招きに応じてアメリカ訪問、イサカに滞在してコーネル大学で講義やセミナーを行う。体調に異変を感じて帰国後、11月に前立腺ガンであることが判明。12月、ウィーンへ行き、自宅に保管してあったノート類を焼却。

1950年　　　　　　　　　　　　　　　　　　61歳

2月、長姉ヘルミーネがガンのため死去。4月、オックスフォードのアンスコム宅に寄寓。『確実性について』を書き始める。11月、ケンブリッジの医師ベヴァン宅に転居。

1951年　　　　　　　　　　　　　　　　　　　　62歳

1月、いったんオックスフォードのアンスコム宅へ戻り、遺言書を作成して遺言執行人と遺稿管理人を指名する。2月、病状が悪化したため再びベヴァン医師宅へ移る。3月から4月、『確実性について』を書き進める。4月27日午後、散歩のあとに発作を起こし、翌日に意識を失い、4月29日の朝に永眠。徹夜で看病を続けたベヴァン夫人に告げた最期の言葉は、「皆さんに伝えてください。私は素晴らしい人生を送った、と」というものであった。

付記：本年譜は野家啓一（編）『ウィトゲンシュタインの知88』所収の「ウィトゲンシュタイン略年譜」に加筆訂正を加えたものである。

訳者あとがき

この本は、Ludwig Wittgenstein: *Logisch-philosophische Abhandlung*（1922）の翻訳です。

底本は、*Logisch-philosophische Abhandlung*（2003 Bibliothek Suhrkamp）。これは、Brian McGuinessとJoachim Schulteが編集した研究者向きの批判版 *Logisch-philosophische Abhandlung*（1989 Suhrkamp）にもとづいて、Joachim Schulteが一般向きに編集した本です。

ウィーンのヴィトゲンシュタイン

じつは最初、この古典新訳文庫には、ヴィトゲンシュタイン『論理哲学論考』（以下、『論考』）を横組みで、ホーフマンスタール『チャンドス卿の手紙』（1902）を縦組みで、縦横ハイブリッドの１冊にしようと考えていた。『論考』を世紀転換期ウィーンの哲学の代表作として、『チャンドス卿』を文学の代表作として。けれども毛色のちがうふたつを、同じひとつの鍋にぶち込むのは、シンプルであることを追求したヴィトゲンシュタインの趣味ではないだろう。おまけに『論考』は、美術工芸品のように独特のたたずまいをそなえている。というわけで『論考』だけで出すことにした。

訳者あとがき

　『論考』の批判版を編集したヨアヒム・シュルテは、ヴィトゲンシュタイン後期の主著である『哲学探究』（以下、『探究』）の新校訂版の編集もした人だが、こんな指摘をしている。

　英米の「分析哲学的な」ヴィトゲンシュタイン受容と、ドイツ語圏の「文化哲学的な」ヴィトゲンシュタイン受容とのあいだには、溝がある。「ヴィトゲンシュタインの思考にとって決定的に重要なのは、ドイツ語圏——とくにオーストリア——の文化コンテキストというアスペクトなのだ。しかしこのアスペクトは、分析哲学をはじめとして哲学の専門家たちにはしばしば、ためらいがちにしか、いや、いやいやながらでしか、認められてこなかった」

　ヴィトゲンシュタインは、若いときケンブリッジのラッセルに教えを乞い、後で、ケンブリッジで教えるようにもなった。ナチスのオーストリア併合のせいで英国籍をとった。ヴィトゲンシュタインの受容は英語圏ではじまった。ヴィトゲンシュタインの原書の多くは、独英対訳版だ（天才のドイツ語への畏敬と、翻訳の限界を心得てのことだろう）。そんなわけで、「ケンブリッジのヴィトゲンシュタイン」という印象が強い。もちろん日本でも。

　しかし、ヴィトゲンシュタインは、英国文化にはなじめなかった。前期の『論考』と後期の『探究』を、ドイ

ツ語だけで、1冊の本として出したいと考えていた。

『論考』のモットーに使われているキュルンベルガーも、『探究』のモットーに使われているネストロイも、ウィーン生まれの作家だ。ヴィトゲンシュタインからウィーンのにおいを消すことはむずかしい。

オーストリア——とくにウィーン——の文化コンテキストを描いた本といえば、まず、『ヴィトゲンシュタインのウィーン』（1973）が思い浮かぶ。20代の私は、第6章（『論考』再考）を翻訳して、雑誌『現代思想』に載せてもらった。1冊まるごと翻訳があったほうがいいと思い、当時の編集長、三浦雅士さんに相談したのだが、翻訳権はすでにTBSブリタニカに取られていた。

20世紀の哲学のスーパースターは、1889年、オーストリア＝ハンガリー二重帝国ハプスブルク朝ウィーンに生まれた。この「特性のある男」は、所有物にこだわらない精神的なタイプだった。父の膨大な遺産もさっさと他人にやってしまった。ほとんどネクタイをつけず、シャツの第一ボタンをはずしたまま、ジャケットやジャンパーで通し、飾りのない質素な部屋に住み、簡素な食事をした。

大金持ちのお坊ちゃんだった。家庭教師がいたので、小学校には行かなかった。ヴィトゲンシュタイン家は、オーストリアで指折りの大富豪。父が鉄鋼業で莫大な富を一代で築いた。新興ブルジョワの例にもれず貴族のま

訳者あとがき

ねをした。クリムトをはじめとして芸術家たちのパトロンになった。著名な音楽家や画家が数多く出入りした。ヴィトゲンシュタイン宮殿と呼ばれたアレーガッセの大邸宅は、絢爛たる世紀末ウィーン文化の中心のひとつだった。

　世紀末ウィーンは、奇跡的な空間だった。ヴィトゲンシュタインをふくめて、現代の思想や芸術の方向を決めた人たちが輩出した。ヴィトゲンシュタインは、自分の仕事について興味深い発言をしている。

　「自分で考えるといっても、私がやっているのは複製・再生でしかない。私は思想の運動を**つくりだした**ことなど一度もないと思う。いつも誰かからのもらいもの。すぐに飛びついて、それをクリアにしようと情熱をかたむけたにすぎない。そうやって私はボルツマン、ヘルツ、ショーペンハウアー、フレーゲ、ラッセル、クラウス、ロース、ヴァイニンガー、シュペングラー、スラッファから影響をうけた。ユダヤ的複製・再生の例として、ブロイアーとフロイトの名前をあげることができるだろうか？——私がつくりだすのは、新しい*比喩*である」（『反哲学的断章』）

　ここにあげられた名前のうち、世紀末ウィーンの同時代人は、統計力学のボルツマン、言語批判のクラウス、建築のロース、『性と性格』のヴァイニンガー、精神分析のフロイトとブロイアー。

　政治では自由主義が力を失い、文化では道徳主義にか

わって、没道徳的な感情が優位をしめていた。芸術は現実逃避の手段となり、唯美的なナルシシズムが幅をきかせていた。「世界没落の実験室」ウィーンの息子たちは、父親たちの文化の権威に反抗した。世紀末ウィーンは、破滅と再生がせめぎあう緊張の磁場だった。

　クリムト、シーレ、ココシュカは伝統から分離してユーゲントシュティールを生んだ。シェーンベルクは伝統的な調性の音楽から手を切って、無調の音楽を考えた。フロイトは、無意識の大陸を発見した。『夢解釈』が出版されたのは1900年。人間は、理性的な動物であると同時に、無意識に囚われた動物でもあるのだ。「『私』は、私という家の主人ですらない」

　ヴィトゲンシュタインは、批評家カール・クラウスのファンだった。クラウスは個人雑誌『炬火』で、事実と価値を混同する大ジャーナリズムの言葉に噛みつき、そのウソと腐敗を徹底的に告発した。コンマひとつにもうるさかった。「なぜ、ものを書く人がいるのか？　ものを書かないという人格に欠けるからだ」

　「語りえないこと」は、19世紀末から20世紀初頭にかけて、中央ヨーロッパ——とくにウィーン——の関心事だった。たとえばホーフマンスタールの『チャンドス卿の手紙』。言葉はウソをつくから当てにならない、と気づいたチャンドス卿が、もう書かないという決心を流麗な言葉によって伝える、という逆説的な手紙だ。

訳者あとがき

　人間は言語に囚われた動物である。ヴィトゲンシュタインにとって、哲学とは言語批判のことだった。『論考』の出版が難航していた時期、ヴィトゲンシュタインは、クラウスを高く評価していた編集者フィッカーにこんな手紙を書いている。

「この本の意味は、倫理的なものです。[……]〈私の仕事は、2つの部分からなっています。この本に書かれている部分と、私が書か*なかった*部分です〉。そしてまさに書かれなかった2番目の部分こそが、重要なのです。なぜなら倫理的なものの境界線を、私の本はいわば内側から引いているのですから。**厳密には**、このようにして**しか**境界線を引くことができない、と確信しています。要するに、今日、多くの人の**口から出まかせに**しゃべられていることすべてを、この本のなかで私は、それについて沈黙することによって、確定したつもりです。[……]この本の〈はじめに〉と〈終わり〉を読んでみてください。この本の意味が、もっとも直接的に表現されています」(1919年10月または11月)

　『論考』の地図では、くっきり描かれた小さな島（論理）が、大きな海（倫理）に囲まれている。「言うことができることについては、クリアに言うことができる。そして語ることができないことについては、沈黙するしかない」。クラウスの倫理的な言語批判と、言語に絶対的な倫理を求めたヴィトゲンシュタインの姿勢は、兄弟のように似ている。『論考』によって、ウィーンの関心

事がラディカルに整理された。

ヴィトゲンシュタインは、建築家アドルフ・ロースのファンだった。ロースは、機能を重視し、装飾を犯罪とみなして、モダニズム建築の様式を導入した。部屋に飾りを置かず、簡素なライフスタイルを通したヴィトゲンシュタインの、もっともロース的な「建築」は、設計にたずさわったストンボロー邸ではなく、簡潔に書いた『論考』ではないだろうか。『論考』は、世紀転換期ウィーンの聖典として読むことができる。

臆病な翻訳

数年前、学生が長いレポートを書いてきた。『論考』をたくさん引用していた。「ウィトゲンシュタイン」と書いて学生が引用していたのは、岩波文庫の『論考』だった。ちょっと違和感があった。ウィーンのにおいがしない。気になったので、岩波文庫を買った。そこにあったのは、ダイナミックで情熱的な『論考』だ。

ヴィトゲンシュタインのドイツ語と照らし合わせてみて、気がついた。いつもではないけれど、ところどころで強調されている箇所がある。たとえば、接続法や助動詞をねじ伏せ（「wäre（ではないでしょうか／ということであるだろう）」→「である」。「wird……sein（であるだろう）」→「なのである」）、動詞に色をつけ（「ist（［なの］である／［なの］だ）」→「にほかならない」）、副詞を強くし（「vielleicht（もしかしたら）」→「おそらく」）、

状態受動を動作受動にして（「ist……bestimmt（決められている）」→「決められる」）訳している。たぶん、ヴィトゲンシュタインにかわって、ここぞと思った箇所でアクセントをつけたのだろう。私は、往年の大指揮者の演奏を思い出した。名人芸だから、ファンも多いはずだ。

けれども、そういう大胆な流儀では、引いているようで押している、という微妙なスタンスが伝わりにくいのではないか。日本語の『論考』にも、ドイツ語（の文法）に気をつけた、臆病でフラットな翻訳があってもいいのではないだろうか。「ウィーンのヴィトゲンシュタイン」の『論考』である。世紀転換期ウィーンの、あの奇跡的な知の空間を育てたのは、「言語」批判の精神だ。ヴィトゲンシュタインは、コンマひとつにもうるさかったカール・クラウスの、弟分だった。

「語ることができないことについては、沈黙するしかない」

『論考』はシンプルなドイツ語で書かれている。哲学の本なのに美しい作品だ。最後の文章は、Wovon man nicht sprechen kann, darüber muß man schweigen. 岩波文庫では、「語りえぬものについては、沈黙せねばならない」と訳されている。ん？　その気になれば、語ることができるのだろうか。「せねばならない」には、お説教のにおいがする。

「せねばならない」と言うのなら、ヴィトゲンシュタ

インはmußではなく、sollと書いただろう。助動詞soll（つまりsollen）の基本的な用法は、「主語に対する他者の意思」だ。助動詞muß（つまりmüssen）の基本的な用法は、「選択の余地がこれしかない」。最後の文章を普通に読めば、「語ることができないことは、黙っているしかない」となる。

　もちろんコンテキストによっては、「沈黙せねばならない」と読むこともできる。このことについては以前、新宮一成さんから、「私は精神科医として、自戒をこめて、『沈黙せねばならない』と読みます」というメールをもらったことがある。すぐれた精神科医ならではの、謙虚な読み方なのだと思う。

　（ヴィトゲンシュタインで１冊というと、お説教っぽくも読める最後の文章で有名な『論考』をあげる人が多いだろう。私たちは、けっこうお説教好きなのかもしれない。たしかに『論考』は、ぜひとも鑑賞しておきたい歴史的建築物だ。しかし『探究』のほうが、肩の力が抜けていて、切り口もユニーク。はるかに実用的で、ヒントにあふれている）

　だが、読むことと翻訳することは局面がちがう。翻訳は、訳者の読み方を通しておこなわれるものだけれど、小心で臆病な訳者としては、できるだけオリジナルに色をつけずに読者に届けたい。アドルフ・ロースのファンだったヴィトゲンシュタインは「装飾は犯罪だ」と考えていた。「せねばならない」は、厚化粧の読み方だ。『論

考』の流れ——「明らかなことだが、倫理を言葉にすることはできない」（『論考』6.421）——からいっても、最後の文章がお説教になると、寄せ書きされた日の丸の旗みたいで、暑苦しい。『論考』が美しくなくなる。

「（倫理［学］と美［学］は、ひとつのものである）」（『論考』6.421）。ヴィトゲンシュタインは、騒音が大の苦手だった。競技場の熱狂も好きではなかっただろう。印象深い言葉を残している。「私の理想はある種の冷たさである。情熱に口をはさむことなく、情熱をとりかこむ寺院」（MS 107 130 c: 1929）。クリアだけでなくクールも、ヴィトゲンシュタインに似合う形容詞だ。

ヴィトゲンシュタインにとって哲学とは、言語批判のことである。新しい理論や学説を唱えるのではなく、考えをクリアにする活動のことである。逆説的な反語精神は、ぶれない体幹として、後期の『探究』でも健在だ。「哲学で君の目的って、なに？——ハエに、ハエ取りボトルからの逃げ道を教えてやること」

お礼

『蠅の王』は、W・ゴールディングの傑作だが、多くの出版社に断られたあげく、ようやく、T・S・エリオットがボスだったフェイバー・アンド・フェイバー社に拾ってもらった。駄作が飛ぶように売れるのに、傑作は出版にすら苦労する。昔も今もよくある話だ。『論考』も出版に苦労した。

独英対訳版には、ラッセルの書いた「案内」(Introduction) が最初に置かれている。無名の若者だったヴィトゲンシュタインが、『論考』出版のために、いやいやながら呑まされた条件だ。ラッセルは、『論考』が倫理の本であることも、また、ヴィトゲンシュタイン自身のことも、「神秘的」として片づけていた。ヴィトゲンシュタインのほうは、『論考』を理解していないラッセルによって書かれた「案内」も、またそのドイツ語訳も気に入らなかった。古典新訳文庫の底本であるBibliothek Suhrkamp版は、もちろん、ラッセルの「案内」を収めていない。古典新訳文庫では、野家啓一さんに「高校生のための『論考』出前講義」をお願いすることができた。「年譜」もお願いした。

哲学界の中心にいて、なにかと忙しい野家さんに、『哲学探究』（岩波書店）の翻訳のときは、解説だけでなく、本文の校閲もお願いすることができた。だが今回の『論考』では、校閲はあきらめて、迷った点にぶつかるたびに、方角を教えていただいた。もっとも、私が迷わず、問題を感じなかった箇所にこそ、大きな落とし穴があるものだが。

編集の担当は、いつもお世話になっている光文社編集部の中町俊伸さん。私はあまりゲラの手直しをしないのだが、今回は初校ゲラをまっ赤にして戻した。おまけに古典新訳文庫でははじめての横組みだったので、たくさん汗をかいていただいた。

そして駒井稔さん、今野哲男さん、小野寺舞さんにも、お世話になった。
ありがとうございました。

2013年11月

丘沢静也

論理哲学論考
ろんりてつがくろんこう

著者 ヴィトゲンシュタイン
訳者 丘沢静也
おかざわしずや

2014年1月20日　初版第1刷発行
2025年2月10日　　第7刷発行

発行者　三宅貴久
印刷　新藤慶昌堂
製本　ナショナル製本

発行所　株式会社光文社
〒112-8011東京都文京区音羽1-16-6
電話　03（5395）8162（編集部）
　　　03（5395）8116（書籍販売部）
　　　03（5395）8125（制作部）
www.kobunsha.com

©Shizuya Okazawa 2014
落丁本・乱丁本は制作部へご連絡くだされば、お取り替えいたします。
ISBN978-4-334-75284-2 Printed in Japan

※本書の一切の無断転載及び複写複製（コピー）を禁止します。

本書の電子化は私的使用に限り、著作権法上認められています。ただし代行業者等の第三者による電子データ化及び電子書籍化は、いかなる場合も認められておりません。

いま、息をしている言葉で、もういちど古典を

　長い年月をかけて世界中で読み継がれてきたのが古典です。奥の深い味わいある作品ばかりがそろっており、この「古典の森」に分け入ることは人生のもっとも大きな喜びであることに異論のある人はいないはずです。しかしながら、こんなに豊饒で魅力に満ちた古典を、なぜわたしたちはこれほどまで疎んじてきたのでしょうか。
　ひとつには古臭い教養主義からの逃走だったのかもしれません。真面目に文学や思想を論じることは、ある種の権威化であるという思いから、その呪縛から逃れるために、教養そのものを否定しすぎてしまったのではないでしょうか。
　いま、時代は大きな転換期を迎えています。まれに見るスピードで歴史が動いていくのを多くの人々が実感していると思います。
　こんな時わたしたちを支え、導いてくれるものが古典なのです。「いま、息をしている言葉で」——光文社の古典新訳文庫は、さまよえる現代人の心の奥底まで届くような言葉で、古典を現代に蘇らせることを意図して創刊されました。気取らず、自由に、心の赴くままに、気軽に手に取って楽しめる古典作品を、新訳という光のもとに読者に届けていくこと。それがこの文庫の使命だとわたしたちは考えています。

このシリーズについてのご意見、ご感想、ご要望をハガキ、手紙、メール等で翻訳編集部までお寄せください。今後の企画の参考にさせていただきます。
メール　info@kotensinyaku.jp

光文社古典新訳文庫　好評既刊

純粋理性批判（全7巻）
カント／中山元●訳

西洋哲学における最高かつ最重要の哲学書。難解とされる多くの用語を一般的な用語に置き換え、分かりやすさを徹底した画期的新訳。初心者にも理解できる詳細な解説つき。

実践理性批判（全2巻）
カント／中山元●訳

人間の心にある欲求能力を批判し、理性の実践的使用のアプリオリな原理を考察したカントの第二批判。人間の意志の自由と倫理から道徳原理を確立させた近代道徳哲学の原典。

判断力批判（上・下）
カント／中山元●訳

美と崇高さを判断し、世界を目的論的に理解する力。自然の認識と道徳哲学の二つの領域をつなぐ判断力を分析した、カント批判哲学の集大成。「三批判書」個人全訳、完結！

永遠平和のために／啓蒙とは何か　他3編
カント／中山元●訳

「啓蒙とは何か」で説くのは、自分の頭で考えることの困難と重要性。「永遠平和のために」では、常備軍の廃止と国家の連合を説く。現実的な問題意識に貫かれた論文集。

善悪の彼岸
ニーチェ／中山元●訳

西洋の近代哲学の限界を示し、新しい哲学の営みの道を拓こうとした、ニーチェ渾身の書。アフォリズムで書かれたその思想を、ニーチェの肉声が響いてくる画期的新訳で！

道徳の系譜学
ニーチェ／中山元●訳

『善悪の彼岸』の結論を引き継ぎながら、新しい道徳と新しい価値の可能性を探る本書によって、ニーチェの思想は現代と共鳴する。ニーチェがはじめて理解できる決定訳！

光文社古典新訳文庫　好評既刊

ツァラトゥストラ（上・下）　ニーチェ／丘沢静也●訳

「人類への最大の贈り物」「ドイツ語で書かれた最も深い作品」とニーチェが自負する永遠の問題作。これまでのイメージをまったく覆す、軽やかでカジュアルな衝撃の新訳。

この人を見よ　ニーチェ／丘沢静也●訳

精神が壊れる直前に、超人、偶像、価値転換など、自らの哲学の歩みを、晴れやかに痛快に語った、ニーチェ自身による最高のニーチェ公式ガイドブックを画期的新訳。

社会契約論／ジュネーヴ草稿　ルソー／中山元●訳

「ぼくたちは、選挙のあいだだけ自由になり、そのあとは奴隷のような国民なのだろうか」。世界史を動かした歴史的著作の画期的新訳。本邦初訳の「ジュネーヴ草稿」を収録。

人間不平等起源論　ルソー／中山元●訳

人間はどのようにして自由と平等を失ったのか？ 国民がほんとうの意味で自由で平等であるとはどういうことなのか？ 格差社会に生きる現代人に贈るルソーの代表作。

自由論　ミル／斉藤悦則●訳

個人の自由、言論の自由とは何か。本当の「自由」とは。二十一世紀の今こそ読まれるべき、もっともアクチュアルな書。徹底的にわかりやすい訳文の決定版。（解説・仲正昌樹）

カンディード　ヴォルテール／斉藤悦則●訳

楽園のような故郷を追放された若者カンディード。恩師の「すべては最善である」の教えを胸に度重なる災難に立ち向かう。「リスボン大震災に寄せる詩」を本邦初の完全訳で収録！

光文社古典新訳文庫　好評既刊

市民政府論
ロック／角田安正●訳

「私たちの生命・自由・財産はいま、守られているだろうか?」。近代市民社会の成立の礎となった本書は、自由、民主主義を根源的に考えるうえで今こそ必読の書である。

経済学・哲学草稿
マルクス／長谷川宏●訳

経済学と哲学の交叉点に身を置き、社会の現実に鋭くせまろうとした青年マルクス。のちの『資本論』に結実する新しい思想を打ち立て、思想家マルクスの誕生となった記念碑的著作。

共産党宣言
マルクス、エンゲルス／森田成也●訳

マルクスとエンゲルスが共同執筆し、その後の世界を大きく変えた歴史的文書。エンゲルスによる「共産主義の原理」、各国語版序文、「宣言」に関する二人の手紙(抜粋)付き。

ユダヤ人問題に寄せて／ヘーゲル法哲学批判序説
マルクス／中山元●訳

宗教批判からヘーゲルの法哲学批判へと向かい、真の人間解放を考え抜いた青年マルクス。その思想的跳躍の核心を充実の解説とともに読み解く。画期的なマルクス読解本の誕生。

フランス革命についての省察
エドマンド・バーク／二木麻里●訳

進行中のフランス革命を痛烈に批判し、その後の恐怖政治とナポレオンの登場までも予見。英国の保守思想を体系化し、のちに「保守主義の源泉」と呼ばれるようになった歴史的名著。

寛容論
ヴォルテール／斉藤悦則●訳

実子殺し容疑で父親が逮捕・処刑された〝カラス事件〟。著者はこの冤罪事件の被告の名誉回復のために奔走する。理性への信頼から寛容であることの意義、美徳を説く歴史的名著。

光文社古典新訳文庫　好評既刊

コモン・センス　トマス・ペイン/角田安正●訳

イギリスと植民地アメリカの関係が悪化するなか、王政、世襲制の非合理性を暴き、"独立以外の道はなし"と喝破した小冊子「コモン・センス」は、世論を独立へと決定づけた。

パイドン——魂について　プラトン/納富信留●訳

死後、魂はどうなるのか？ 肉体から切り離され、それ自身存在するのか？ 永遠に不滅なのか？ ソクラテス最期の日、弟子たちと獄中で対話する、プラトン中期の代表作。

テアイテトス　プラトン/渡辺邦夫●訳

知識とは何かを主題に、知識と知覚について、記憶や判断、推論、真の考えなどについて対話を重ね、若き数学者テアイテトスを「知識の哲学」へと導くプラトン絶頂期の最高傑作。

饗宴　プラトン/中澤務●訳

悲劇詩人アガトンの祝勝会に集まったソクラテスほか六人の才人たちが、即席でエロスを賛美する演説を披瀝しあう。プラトン哲学の神髄であるイデア論の思想が論じられる対話篇。

ソクラテスの弁明　プラトン/納富信留●訳

ソクラテスの裁判とは何だったのか？ ソクラテスの生と死は何だったのか？ その真実を、プラトンは「哲学」として後世に伝え、一人ひとりに、自分のあり方、生き方を問う。

メノン——徳(アレテー)について　プラトン/渡辺邦夫●訳

二十歳の青年メノンを老練なソクラテスが挑発する。西洋哲学の豊かな内容をかたちづくる重要な問いを生んだプラトン初期対話篇の傑作。『プロタゴラス』につづく最高の入門書。

光文社古典新訳文庫　好評既刊

飛ぶ教室　ケストナー/丘沢静也●訳

孤独なジョニー、弱虫のウーリ、読書家ゼバスティアン、そしてマルティンにマティアス。五人の少年は友情を育み、信頼を学び、大人たちに見守られながら成長していく——。

変身/掟の前で 他2編　カフカ/丘沢静也●訳

家族の物語を虫の視点で描いた「変身」をはじめ、「掟の前で」「アカデミーで報告する」までカフカの傑作四篇を、最新の〈史的批判版全集〉にもとづいた翻訳で贈る。

訴訟　カフカ/丘沢静也●訳

銀行員ヨーゼフ・Kは、ある朝、とつぜん逮捕される……。不条理、不安、絶望ということばで語られてきた深刻ぶった『審判』は、軽快で喜劇のにおいのする『訴訟』だった!

田舎医者/断食芸人/流刑地で　カフカ/丘沢静也●訳

猛吹雪のなか往診先の患者とその家族とのやり取りを描く「田舎医者」、人気凋落の断食芸を続ける男「断食芸人」など全8編。「歌姫ヨゼフィーネ、またはハツカネズミ族」も収録。

城　カフカ/丘沢静也●訳

城から依頼された仕事だったが、近づこうにもいっこうにたどり着けず、役所の対応に振りまわされる測量士Kは、果たして……。最新の史的批判版に基づく解像度の高い決定訳。

賢者ナータン　レッシング/丘沢静也●訳

イスラム教、キリスト教、ユダヤ教の3つのうち、本物はどれか。イスラムの最高権力者の問いにユダヤの商人ナータンはどう答える? 啓蒙思想家レッシングの代表作。

光文社古典新訳文庫　好評既刊

チャンドス卿の手紙／アンドレアス
ホーフマンスタール／丘沢静也●訳

言葉のウソ、限界について深く考えたすえ、もう書かないという決心を流麗な言葉で伝える「チャンドス卿の手紙」。"世紀末ウィーンの神童"を代表する表題作を含む散文5編。

寄宿生テルレスの混乱
ムージル／丘沢静也●訳

いじめ、同性愛…。寄宿学校を舞台に、少年たちは未知の国を体験する。言葉では表わしきれない思春期の少年たちの、心理と意識の揺れを描いた、ムージルの処女作。

暦物語
ブレヒト／丘沢静也●訳

老子やソクラテス、カエサルなどの有名人から無名の兵士、子供までが登場する"下から目線"のちょっといい話満載。ミリオンセラー短編集で、新たなブレヒトの魅力再発見！

ニコマコス倫理学（上・下）
アリストテレス／渡辺邦夫・立花幸司●訳

知恵、勇気、節制、正義とは何か？　意志の弱さ、愛と友人、そして快楽、もっとも古くて、もっとも現代的な究極の幸福論、究極の倫理学講義をアリストテレスの肉声が聞こえる新訳で！

政治学（上・下）
アリストテレス／三浦洋●訳

「人間は国家を形成する動物である」。この有名な定義で知られるアリストテレスの主著の一つ。後世に大きな影響を与えた、プラトン『国家』に並ぶ政治哲学の最重要古典。

詩学
アリストテレス／三浦洋●訳

古代ギリシャ悲劇を分析し、「ストーリーの創作」として詩作について論じた西洋における芸術論の古典中の古典。二千年を超える今も多くの人々に刺激を与え続ける偉大な書物。